Un tour de la
BRETAGNE
La mer vue de la terre

© E.S.O. – Rando Éditions
4, rue Maye Lane – 65420 Ibos
www.rando-editions.com
accueil@rando-editions.com

Dépôt légal : octobre 2008
ISBN 978-2-84182-391-8

Maquette et mise en pages : Marina Gomez – Rando Éditions
Photogravure : Isokéa (64, Anglet)

Toutes les photographies sont de l'auteur, sauf coquillages : © Fotolia :
étoile de mer (pp. 28, 50, 84), moules (pp. 44, 106).

Un tour de la BRETAGNE
La mer vue de la terre

Texte et photographie : Jean-Yves Grégoire-Kérandel

ÉDITIONS Le Télégramme

 RANDO éditions

Prologue … 7

La Côte d'Émeraude
Du Mont-Saint-Michel à Saint-Malo … 13
De Saint-Malo à Pléhérel … 22

La Côte de Penthièvre
De Pléhérel à Binic … 25

La Côte du Goëlo
De Binic à Bréhat … 31
L'île de Bréhat … 37

La Côte du Trégor
De Loguivy-de-la-Mer à Port-Blanc … 41

Côte de Granit Rose
De Port-Blanc à Lannion … 53
De Lannion au Diben (Primel-Trégastel) … 59

L'arrivée dans le Finistère
Du Diben à Roscoff … 62

La Côte des Légendes
De Roscoff à Ménéham … 71
De Ménéham à Portsall … 81

La mer d'Iroise
De Portsall à Brest … 87
De Brest au Faou … 97

La presqu'île de Crozon
Du Faou à Camaret … 101

La Cornouaille
De Camaret à Douarnenez … 111
De Douarnenez à Audierne … 117

Le pays bigouden
D'Audierne à l'île Tudy … 121

La Cornouaille (suite)
De l'île Tudy à la pointe de Mousterlin … 133
De la pointe de Mousterlin au port de Trévignon … 137
Du port de Trévignon au Pouldu … 141

Le Morbihan
Du Pouldu à Port-Louis … 148
De Port-Louis à Quiberon … 155

Le golfe du Morbihan
De Quiberon à Baden … 162
De Baden à Port-Navalo … 167
De Port-Navalo au port de Tréhiguier … 171
Du port de Tréhiguier au Croisic … 174

La Côte d'Amour
Du Croisic à Saint-Brévin-les-Pins … 178

L'estuaire de la Loire
De Saint-Brévin-les-Pins à Nantes … 187

Le Mont-Saint-Michel au soleil couchant

Prologue

ES PREMIERS PÂTÉS DE SABLE sur les plages du Finistère, les premières parties de pêche à la crevette dans les trous d'eau, le goût sucré salé des crêpes d'après baignade ; plus tard, les premiers bords de prés au large du phare de Pontusval, les premiers flirts dans les dunes ou derrière les rochers. Tout cela vous marque un homme pour la vie. A fortiori, si une branche de sa famille est originaire de la pointe de Bretagne.

Mon premier été sur une plage bretonne remonte bien trop loin pour que je m'en souvienne, je marchais à peine. Pour mes grands-parents maternels, Brestois émigrés dans la capitale depuis les années 1920, le retour au pays chaque été constituait une fête relevant de la cure de jouvence, comme pour d'autres les séjours à Luchon. Mieux, c'était pour eux une façon de remettre les pendules à l'heure, parce que la vie à Paris comme disait mon grand père : « Ça part souvent à la godille avec tous ces gens qui travaillent du chapeau », histoire de dire que les Parisiens ne tournaient pas toujours rond ! Chaque année, en juin, quand malles et vélos étaient embarqués par les agents transporteurs de la SNCF à destination de Brest, c'était le signal que nous allions bientôt prendre à notre tour le départ : gare Montparnasse, tout le monde en voiture !

Bon an, mal an, je suis resté fidèle à la Bretagne jusqu'à mes 35 ans. Parfois, j'y faisais des séjours à Pâques ou à Noël, ou n'importe quand, afin de ne pas oublier le goût du sel déposé sur la peau par les embruns les jours de gros temps, l'odeur du goémon sur les grèves, la saveur de la cuisine au beurre demi-sel comme la concoctait ma grand-mère. Toutes ces attaches affectives ne m'empêchaient pas de courir le monde le reste du temps.

Et puis, un jour, j'ai mis cap au sud. J'en suis venu à préférer l'huile d'olive au beurre salé, les paysages arides aux terres humides et verdoyantes, les chemins de poussières aux sentes bourbeuses… J'avais découvert l'Espagne par le biais des chemins de Saint-Jacques-de-Compostelle. Seule la Galice, proche parente de la Bretagne par sa culture et sa physionomie, me laissait un arrière-goût de nostalgie et développait chez moi le remords d'avoir trahi une terre que j'aimais par-dessus tout. Les chemins de Saint-Jacques me ramenèrent par hasard en Bretagne, à l'occasion d'un reportage. Tout prit soudain un goût de madeleine proustienne. Mon être fut ébranlé comme s'il encaissait de plein fouet une avalanche de Paris-Brest, de tartes, de gifles, d'allers-retours, comme les appelait ma mère qui les distribuait facilement. Dès lors, tout devint prétexte pour justifier des escapades en Armorique. Ce tour de la Bretagne à vélo en fait partie.

Début juin 2007. Les paysages de la Vendée défilent à toute allure le long de l'A 83. Nous roulons vers le nord depuis la Côte basque et nous parlons sans cesse comme des mômes partant en colonie, excités comme des puces. Gilles O'Brien est du même âge que moi : 50 ans. Depuis nos retrouvailles hier soir, et surtout depuis notre départ ce matin, c'est comme si nous avions laissé trois décennies accrochées à la patère de la sinistrose. Nous avons retrouvé nos âmes d'adolescents, nous parlons de projets et de rien d'autre. Nous discutons de demain et des semaines à venir, riches d'horizons et de promesses.

Gilles et moi nous sommes connus à l'adolescence. Nous faisions partie de la même bande. Les autres se sont rangés, nous pas trop. Deux années s'écoulent parfois sans nouvelles l'un de l'autre. Nous renouons le fil dès la première seconde de nos retrouvailles. Gilles peint dans un coin retiré de la Catalogne, je vagabonde à partir de la Côte basque, mon port d'attache où je réside avec ma compagne. Le patronyme irlandais de Gilles lui vient d'un père qui au lendemain de la Guerre préféra les rivages de la Méditerranée aux côtes du Donegal, puis s'amouracha d'une brune catalane plutôt que d'une rousse de l'Eire. En cela, nous sommes issus l'un et l'autre de cépages assez voisins, puisque ma mère était bretonne et que mon père est provençal. Normal que nous nous retrouvions pour faire route vers des terres celtes. Gilles part en solitaire faire le tour de l'Irlande et rôder du côté des îles Hébrides à bord de son voilier. De mon côté, j'entreprends à vélo un tour tout aussi solitaire de la Bretagne, depuis le Mont-Saint-Michel jusqu'à Nantes, en m'attachant à longer au plus près le trait de côte par le biais de routes vicinales ou secondaires – deux milles kilomètres de balade !

La camionnette de Gilles file sur l'autoroute, chargée de vivres pour deux mois de navigation, de la garde-robe du voilier, de cartes nautiques, sans oublier mon vélo muni de ses sacoches. L'ensemble remplit l'espace habituellement occupé par les toiles. Une entêtante odeur de térébenthine imprègne l'habitacle. Gilles, parti hier de Catalogne, a fait le détour par le Pays basque pour me prendre au passage. Après sept cent cinquante kilomètres, nos chemins vont diverger à Pontorson. À ce point, Gilles se dirigera vers Saint-Malo où l'attend son voilier, *le Romanée*, tandis que je rejoindrai à vélo mon point de départ, le Mont-Saint-Michel.

Pontorson. Nous y sommes. Arrêtés près d'un carrefour, j'extirpe du fourgon mon vélo et ses sacoches. Gilles insiste une dernière fois : « Tu ne veux pas que je dépose à l'entrée de la digue ? » Mon refus est catégorique, nous nous reverrons demain soir dans le port de Saint-Malo. Pour l'heure, je tiens à voir grandir la silhouette du Mont-Saint-Michel au fil de mes coups de pédales. Ce départ est trop emblématique pour que je le néglige.

Tout au long de la journée, le temps a été maussade. La campagne baigne dans une brume d'humidité. Vers l'ouest, le voile nuageux se déchire de trouées plus claires, la dépression est passée. Droit devant, les contours de l'îlot se font plus précis, la flèche de l'Archange rompt la monotonie géométrique des lignes de peupliers. Avant de m'engager sur la digue, je dépose mes affaires dans un camping. Il me faut à peine une minute pour décrocher la tente qui était arrimée à plat sur les sacoches arrière et la monter. Ce modèle léger et très pratique, distribué par une grande enseigne, a bénéficié de publicités gratuites tout au long de l'hiver grâce aux SDF qui campaient en plein Paris. Curieux paradoxe, mais dans ce monde ultra-libéral sommes-nous à une obscénité près ? La fabrication de cet objet est déjà l'œuvre d'une armée de petits esclaves chinois, comment ne pas profiter des plus pauvres en Occident pour mener gratis une campagne de communication ? Inutile de gloser, je participe du cynisme ambiant… Pour l'instant, il me tarde de rejoindre le Mont-Saint-Michel.

Le ciel s'est dégagé pour de bon, la lumière est argentée. Les rafales de vent m'arrivent de travers et me font tanguer sur la digue, avec la sensation que le large m'accueille dans ses grands bras. Hors saison et heure tardive me dispensent des cohortes de touristes – il n'y a guère qu'un escadron de camping-cars regroupés sur un parking au pied du Mont. Je peux traverser ce camp retranché sur ma Rossinante à pédales sans avoir à redouter des coups de hallebardes, car pour l'instant, les femmes sont aux fourneaux, les hommes devant leur télé.

Chez la Mère Poulard, des touristes mitraillent les marmitons aux prises avec la célèbre omelette. Plus haut, les commerçants de l'unique ruelle ferment boutique. Je grimpe presque seul à l'assaut de l'abbaye. Suite à une heureuse initiative, la visite est rendue possible jusqu'à la tombée de la nuit. Je dispose d'une marge confortable en ce mois de juin. Le parcours est fléché, mais libre. J'aime l'idée de replonger pour un soir dans le passé médiéval. D'ordinaire, je préfère la simplicité romane aux élans du gothique, mais au Mont, impossible de rester insensible à cette architecture dressée vers le ciel. Le Mont me fait songer à un cône volcanique. La foi médiévale était sans nul doute de cet ordre-là : pas de tergiversation, pas d'égarements non plus, juste de l'élan et de la force. C'est ce qui a poussé des millions d'hommes et de femmes sur les routes des pèlerinages. Le Mont-Saint-Michel appartenait à ce réseau de voies entièrement tournées vers le spirituel. Dans diverses salles, des jeunes femmes sont installées pour jouer du violoncelle, du clavecin, de la viole de gambe afin de distraire les rares visiteurs. En revanche, en avançant plus loin, les concepteurs de la muséographie ont cru bon d'ajouter divers bruitages avec cris et hurlements réalistes pour évoquer le temps où le Mont servait de prison. Le parcours labyrinthique s'apparente alors à une séquence de train fantôme. Je me sens soulagé en débarquant dans le réfectoire, qui n'a pas eu à souffrir de cette mise en scène que je trouve grotesque. Le cloître s'ouvre sur la baie avec au nord, Tombelaine. De la terrasse du parvis de l'abbatiale, je découvre les polders que je vais longer demain matin. Le vent souffle encore fort. À vol d'oiseau, la pointe Saint-Mathieu n'est qu'à deux cent cinquante kilomètres, mais sur le terrain, selon mes prévisions, je vais devoir couvrir trois fois cette distance… Et selon les statistiques, bien souvent contre le vent ! Sur le chemin de retour, impatience du départ et appréhension me titillent. C'est ainsi au commencement de chaque grand voyage. Mais pourquoi partirais-je si je ne ressentais rien de cet ordre ?

L'auteur et son grand-père sur une plage Bretonne

Vision du Mont-Saint-Michel depuis les polders

L'Archange veille de tout là-haut

La baie vue du cloître

Les polders vus depuis le Mont-Saint-Michel

La Côte d'Émeraude
Du Mont-Saint-Michel à Saint-Malo

 E JOUR ME RÉVEILLE. Flocons d'avoine et thé. Je remballe ma tente sous un ciel menaçant. Le camp dort encore lorsque je me mets en selle. Je jette un coup d'œil en direction du Mont. L'archange Saint-Michel du haut de sa flèche surveille mes premiers coups de pédale. Je ne suis pas du genre bigot, mais à force d'arpenter les voies de pèlerinage depuis douze ans, ils ont dû me repérer là-haut… Difficile de m'arracher à la vision du rocher solitaire, vigie dressée au milieu d'un no man's land improbable, un désert des Tartares, toujours convoité par Normands et Bretons. Justement, je passe le Couesnon, un ruisseau aussi célèbre que le Rubicon, enjeu de toutes les disputes entre les deux peuples. Me voici pour de bon en Bretagne : « *Degemer mad e Breizh !* » (Bienvenue en Bretagne !)

Personne ne garde l'entrée du territoire, ni barrières, ni douaniers. Les vaches bretonnes ponctuent mon passage des mêmes meuglements que leurs congénères normandes. Bientôt, des taches de soleil inondent les prairies, font miroiter les flaques, les couleurs resplendissent et deviennent saturer sur un fond de ciel virant à l'anthracite. Un temps, je redoute le déluge. Puis, le vent balaie tout. Sacré vent d'ouest ! Mais je préfère encore lutter contre les rafales que de me voir englouti sous des trombes d'eau. En plus, cette lumière est ma préférée pour les photos. Souvent, je m'arrête pour prendre un cliché. Ce terme a-t-il encore un sens à l'heure du numérique ? Devrais-je dire prendre un fichier ? Quelle horreur !

Des routes étroites m'emmènent vers l'ouest à travers les polders, pas un chat, si ce n'est quelques tracteurs. J'emprunte une piste cyclable non signalée sur ma carte, elle se dirige vers la chapelle Sainte-Anne. Je longe des fermes d'élevage, des cidreries, et au final la piste sablonneuse troue une haie pour déboucher sur un décor sans limites. À nouveau, voici la mer. Je dépasse la chapelle, isolée sur la lande. L'an passé, lors de mon dernier passage, un gars jouait là du saxophone, pour lui-même ou pour les mouettes, des airs de Coltrane. Je poursuis avec des mélodies dans la tête. Sur la grève, un homme juché sur son sulky entraîne un trotteur, des chars à voile s'exercent à faire des ronds sur le sable. Les engins amphibies des mytiliculteurs bien trop pataud et trop lents pour prendre

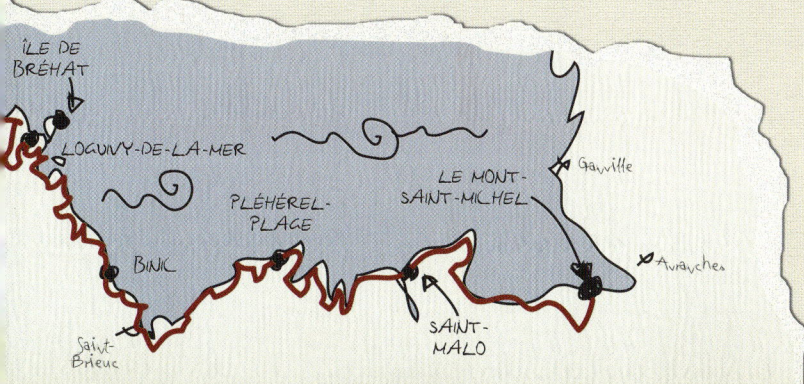

part à la fête restent à l'écart. Même attitude de la part des moulins à vent qui jalonnent la route. La plupart ont perdu leurs ailes. Ils sont devenus des moulins d'opérette et attendent juste les touristes pour la photo.

Cancale, dix heures du matin, j'arrive juste à temps pour l'ouverture des étals des ostréiculteurs sur le port de la Houle. À califourchon sur le rebord du quai, je déguste ma première douzaine d'huîtres du voyage, que j'accompagne d'un verre de muscadet. Cette pause casse-croûte singulière, hypocalorique et alcoolisée, serait sans doute désapprouvée par les puristes du sport. J'ai des barres de céréales dans mon sac pour parer tout coup de pompe.

Quelques embarcations sont mouillées dans le port, pâle reflet de la longue histoire maritime de Cancale. Outre les élégantes bisquines qui allaient draguer les huîtres plates et sauvages dans la baie, quantité de navires pratiquant la grande pêche à la morue sur les bancs de Terre-Neuve à la belle saison relâchaient l'hiver à Cancale, leur port d'attache.

La pointe du Grouin porte un curieux nom. De là à comparer cette saillie à un museau de cochon en raison de sa longue avancée dans la mer ? En quelques kilomètres, j'ai changé de décor. La côte plate s'est élevée, le sable a fait place à la roche. Ici, tout est déchiqueté. De la pointe, la vue embrasse l'ensemble du littoral depuis la Côte du Cotentin vers l'est avec la silhouette triangulaire du Mont-Saint-Michel au fond de la baie, tandis qu'à l'ouest les caps se succèdent vers Saint-Malo et même jusqu'au cap Fréhel. Aujourd'hui, la pointe du Grouin est déserte à l'exception de deux ou trois badauds. Lors des départs de la Course du Rhum, les rochers servent de perchoir à des foules venues de toute l'Europe. J'observe le manège des cormorans, qui eux-mêmes surveillent étroitement les pêcheurs à la ligne. Sans doute ont-ils l'intention de chiper le poisson avant qu'il n'atterrisse dans les paniers.

La route côtière passe tout près de la chapelle Notre-Dame-du-Verger, sanctuaire très fréquenté autrefois par les femmes de terre-neuvas qui venaient y prier. Je pose mon vélo, le temps de pousser à pied jusqu'à la pointe du Nid où s'élève une ancienne tour de guet. Le poste de vigie fait songer à un clocheton et l'ensemble à une chapelle primitive. De là-haut, se déploie un paysage resté sauvage : pas de constructions anarchiques, juste la lande avec ses ajoncs et en contrebas la mer variant du bleu sombre au vert émeraude. Je poursuis par l'anse Du Guesclin, un nom qui suffit à

LE MONT À TRAVERS LES LIGNES DE PEUPLIERS

attiser l'imagination. L'îlot à l'extrémité de la plage abritait déjà au Moyen Âge une forteresse bâtie par un aïeul du célèbre chef de guerre Bertrand Du Guesclin. Le puissant ressac ajoute à la sévérité du lieu.

Je m'accorde la seconde pause casse-croûte de la journée au bord d'une grève abritée par les escarpements de l'île Besnard. L'odeur des pins se mélange à celle du varech séché. Dans la baie presque totalement close, les teintes évoluent à chaque seconde. Les effets d'ombres et de lumières provoqués par les nuages courant vers l'est me font songer au *sol y sombra* des gradins et aux jeux de l'arène. D'un instant à l'autre, le décor bascule du lumineux au tragique, d'un tableau vivant et contrasté à une morne composition.

Je reprends la route par Rothéneuf et Paramé. Le construit succède au sauvage, l'architecture de villégiature au bâti traditionnel ou usuel. Depuis la plage de Rochebonne à Paramé, la promenade du front de mer me permet de gagner Saint-Malo par le Sillon.

À présent, il fait grand soleil. Les terrasses de café à l'intérieur de la ville close sont noires de monde. Sur les remparts, la foule digère, sur les plages, les ados se sont donnés rendez-vous, car cette belle journée de juin se prête volontiers à l'école buissonnière. Je profite de la marée basse pour rallier par la grève l'île du Grand Bé qui abrite la tombe de Chateaubriand, peut-être le plus célèbre des Malouins. Je n'y étais jamais venu, le site est émouvant. Dans la soirée, je retrouve Gilles sur son *Romanée* au port de plaisance. L'apéro se prolonge dans le cockpit à grand renfort de ti-punch. Une fois bien chauds, nous allons déguster de pantagruéliques moules frites au Phare d'Alet, un petit resto de Saint-Servan. La patronne, clope au bec et pas bégueule, raille tout son monde depuis son comptoir. Dans la salle se trouvent toujours de nombreux voileux, certains qui débarquent de n'importe où, d'autres sur le point de partir ; il y a aussi des femmes d'âge mûr à la langue bien pendue qui n'ont rien de dames catéchistes. Bref, j'aime bien cet endroit, c'est un passage obligé à chacune de mes escales à Saint-Malo.

« ...cette belle journée de juin se prête volontiers à l'école buissonnière. »

Ventrée d'huîtres à Cancale

Cheval à l'entraînement dans la baie

La pointe du Groin

La baie Du Guesclin

Les remparts de Saint-Malo

La tombe de Chateaubriand

Saint-Servan : la tour Solidor

La plage de Saint-Servan sous un ciel d'orage

La Côte d'Émeraude

De Saint-Malo à Pléhérel

La côte près du cap Fréhel

JE SERAIS BIEN INCAPABLE de raconter la fin de la soirée à bord du Romanée tant les retrouvailles avec Gilles furent arrosées. Au milieu de la nuit, je me suis éveillé, intimement persuadé que j'allais appareiller sous peu pour les îles Scilly et l'Irlande. Le temps d'un bol d'air sur le pont, j'ai revu mon vélo arrimé aux haubans et mes pensées sont revenues à mon tour de la Bretagne. J'en étais plutôt heureux. En guise de croisière, pour démarrer la journée je m'offre la traversée Saint-Malo Dinard sur la Rance, dix minutes de navigation. À peine débarqué, j'admire les villas loufoques et les belles estivantes effectuant leur jogging matinal le long du chemin de ronde face au large. Dinard, Saint-Enogat, Saint-Lunaire sont autant de stations qui affichent une atmosphère très coloniale. Non pas qu'elles puissent se comparer à Darjeeling, Dalat ou Saigon, mais parce qu'elles sont des colonies d'Auteuil, Neuilly, Passy. Les Anglais ont occupé toutes les latitudes en conservant leur mode de vie et leurs façons d'être – la bourgeoisie française des beaux quartiers a fait de même depuis le XIXᵉ siècle en transposant sa vision du monde en Normandie, en Bretagne ou sur la Côte basque, faisant fi des us et coutumes locales. Pourtant, j'aime l'architecture extravagante et l'élégance de ces stations balnéaires de la Côte d'Émeraude… mais je m'y sens un peu n'importe où. Même le paysage ne possède pas cette rudesse et cette sauvagerie qui singularisent d'autres portions des côtes bretonnes. Ici, pas d'art brut, le maillet bourgeois a su peaufiner et socialiser le décor, en calquant son inspiration sur la lumière, d'une qualité et d'une douceur incomparable qui attira certains impressionnistes, puis d'autres peintres plus tard.

Contraste et changement total d'atmosphère aux abords du Guildo, où je fais halte pour déjeuner dans un restaurant ouvrier dont les baies vitrées s'ouvrent sur la rivière de l'Arguenon. D'emblée, la serveuse m'installe avec d'autres convives. Après la gêne réciproque du départ, la glace se brise dès les entrées. L'homme devant moi était charpentier, il est désormais entrepreneur et construit des maisons en bois. Il me parle de son métier, j'apprends des choses très concrètes sur l'écologie et la géothermie. En échange, je lui parle des chemins de Compostelle qui l'intriguent, l'attirent.

Je repars, satisfait de cette rencontre. Le temps, en revanche, me plonge dans le marasme : il tombe des cordes. En franchissant la rivière de Port-à-la-Duc, je découvre une bouquinerie. Délesté de ma pèlerine dégoulinante, je m'engouffre dans cette villa aux allures de caverne d'Ali Baba. Il s'agirait plutôt du cimetière des livres oubliés de Carlos Ruiz Zafón. Je tombe nez à nez avec un ouvrage lu il y a quinze ans et que je n'avais jamais revu : *la Grande Course de Flanagan*, qui relate une histoire vraie, l'épopée d'une course à pied de grand fond à travers l'Amérique, de Los Angeles à New York, juste après la grande dépression de 1929. Le roman n'appartient pas à la grande littérature, mais chaque soir sa lecture me donnera assez d'audace pour affronter l'étape du lendemain. Je dois certainement mon tout premier départ pour Compostelle à ce roman qui fait l'apologie de l'endurance et de la volonté. L'édition cartonnée rentre difficilement dans ma sacoche, peu importe, je suis ravi de ma trouvaille. Dehors, le déluge continue.

Plus tard, j'entrevois le fort La Latte à travers un rideau de pluie. Tout se calme lorsque j'atteins le cap Fréhel. Je gagne la falaise par d'étroits sentiers qui courent à travers la lande. Le Conservatoire du littoral a pris la sage décision de protéger la végétation après des décennies de ravages causés par les visiteurs qui la piétinaient. J'évolue au milieu d'un tapis que colore le mauve des bruyères et l'or des ajoncs. Mousses et lichens prolifèrent aux pourtours des roches. Le ciel plombé magnifie ce patchwork végétal dont le spectacle se poursuit tout le long de la route en corniche qui me conduit à Pléhérel. Le camping est rudimentaire, vaste et sauvage, à l'image de ceux des grands parcs américains ou australiens. Je plante ma tente au sommet d'un mamelon couvert de pins maritimes face à la Manche.

Le port d'Erquy

La Côte de Penthièvre
De Pléhérel à Binic

A LÉGENDE À L'ORIGINE DU NOM DE SABLES-D'OR-LES-PINS me séduit bien plus que la station elle-même qui fut créée de toutes pièces dans les années 1920. On raconte qu'autrefois, face à l'estuaire de la rivière Islet, l'îlot Saint-Michel abritait un trésor de lingots d'or qui s'éparpilla dans la mer lors d'une violente tempête. Le métal précieux dériva, s'échoua sur la côte, puis sous l'effet du ressac se transforma en poudre dorée qui recouvrit la plage et lui donna son nom. Je profite du marché de Plurien pour acheter quelques bricoles en vue du pique-nique. L'arrêt devait être bref, mais je tombe sur une nouvelle bouquinerie, un labyrinthe de pièces croulant sous les livres et les bandes dessinées. Pour comble de malchance ou de bonheur, la patronne est une femme bavarde. Normal, les bouquinistes sont généralement plus enclins à la tchatche qu'à la vente. J'ai la sagesse de repartir les mains vides, car je ne tiens pas à transformer mon vélo en bibliothèque ambulante.

L'activité bat son plein sur le port d'Erquy. En ce début de matinée, les marins préparent leurs casiers pour la prochaine sortie en mer. Ici, la pêche conserve encore son caractère artisanal. Jusqu'au village d'Yffiniac, blotti au fond de la baie de Saint-Brieuc, le littoral n'est que succession de plages sauvages et de falaises. Avec un profil tout en montagnes russes, le parcours met mes mollets à l'épreuve. Ce n'est pas le col du Tourmalet, pourtant les montées sont rudes. La beauté des paysages et des hameaux m'incite à mettre souvent pied à terre pour prendre des photos. J'en oublie que la bicyclette impose un certain rythme, faute de quoi, on s'épuise. Dans une côte plus raide que les autres, je me surprends à regretter la marche à pied, activité plus paisible que le vélo. Puis survient la descente, l'ivresse du vent qui fouette la poitrine, le visage, je commence à fredonner « À bicyclette », la célèbre chanson d'Yves Montant. Au Val-André, puis au port de Dahouët, je croise des jolies filles en goguette qui pourraient s'appeler Paulette, si le prénom n'était pas démodé. Là encore, les lycéennes de Lamballe ou d'ailleurs semblent s'être données le mot pour sécher les cours. Elles se promènent en bande sur le front de mer, un peu désœuvrées ou es-

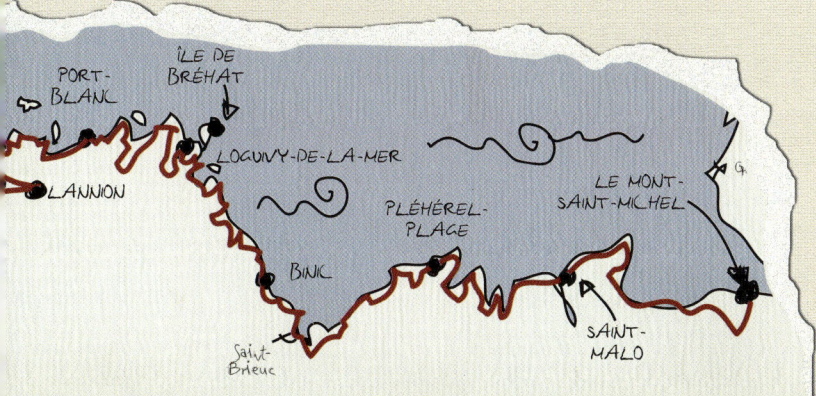

LA GRÈVE DES VALLÉES

seulées, car les volets des villas sont désespérément clos et les jeunes gens de bonne famille pas encore arrivés pour les traditionnels séjours familiaux de l'été. Le Val-André serait le cadre idéal pour un film d'Éric Rohmer, si ce n'est déjà fait.

Casse-croûte sur un banc dans le port du Légué, à deux pas de Saint-Brieuc. À quelques mètres de moi, un jeune couple bricole à bord d'un voilier. Lorsque j'ai terminé mon festin, le gars me fait signe de venir prendre un café. Éolienne, régulateur d'allure, ça sent le voyage hauturier. Leur programme passe par les îles de l'Atlantique jusqu'à l'archipel des Bissagos au large de la Guinée-Bissau… une année de vadrouille. J'admire leur enthousiasme et leur dose de témérité, car il en faut pour vouloir se mesurer à l'océan sur un *Écume de mer* de moins de huit mètres.

Je reprends ma route avec la satisfaction de savoir que le discours sécuritaire et pantouflard des médias n'a pas totalement tué le désir d'aventure chez la génération montante. Le très tortueux parcours depuis la pointe du Roselier jusqu'à Binic n'est pas de tout repos. Les caps sont autant de culs-de-sac allongeant la route, mais le spectacle est au rendez-vous. Les falaises frôlent souvent les soixante-dix mètres de hauteur. Elles dominent des plages immenses et vierges. À Tournemine, je m'offre un plongeon aussi bref que revigorant. La mer ne dépasse pas les 14° C ! Encore quelques côtes à grimper avant l'arrivée à Binic, j'oublie le froid, mais je ressens une fatigue grandissante, l'étape du jour a été costaude. Ce soir, je ne m'attarde guère sur les quais du port, la route m'a épuisé et donné un appétit d'ogre. Après une entrée plus roborative que plaisante, concoctée, puis avalée dans la chambre d'hôtel, je file en ville festoyer d'un tourteau mayonnaise arrosé de blanc sec. Au diable les diététiciens !

La grève des Vallées

La baie de Saint-Brieuc

LE PORT DE BINIC

Cale de Port-Moguer

La Côte du Goëlo
De Binic à Bréhat

ÉTAPE DU JOUR PROMET D'ÊTRE BELLE et va me renvoyer sans cesse à mes « madeleines » de jeunesse : Paimpol, Bréhat, tout un programme ! J'ai passé la nuit dans un petit hôtel qui donnait sur l'avant-port de Binic. Quel plaisir de retrouver un vrai lit après plusieurs nuits inconfortables passées sous la tente. Je voyage sans réveil. Ce matin, il m'a suffi de jeter un coup d'œil à l'état de la marée pour savoir que j'avais dormi près d'un tour de cadran.

J'attaque la journée en grande forme. L'arrêt près de la chapelle Notre-Dame-de-l'Espérance me fait découvrir une vaste étendue marine mouchetée de récifs et d'îlots, comme si la terre du Goëlo avait explosé avant de retomber en pluie fine sur la mer. Une longue descente, et voici Saint-Quay-Portrieux, fruit d'un étrange cocktail : grand port qui armait autrefois pour Terre-Neuve, la pêche y est toujours active, mais la plaisance également. Saint-Quay est aussi une station plutôt huppée abritant des bizarreries architecturales. Je laisse mon vélo sous bonne garde dans un bistrot à côté de la capitainerie et pars à pied à travers le centre-ville dénicher ces folies de bâtisseurs. Je me réserve le meilleur pour la fin en revenant par le chemin de ronde qui surplombe la mer et me fait découvrir l'hôtel Ker Moor, d'un style difficile à définir, indo-néobyzantin. L'architecte avait peut-être la nostalgie du palace Taj Mahal de Bombay lorsqu'il dessina ce bâtiment. De retour au café, je commande un crème à la serveuse. Elle a la peau cuivrée, la physionomie des jeunes Indiennes et une parure en or à la narine. Son grand-père a t-il navigué du côté de Pondichéry ou de Mahé ? Je poursuis ma rêverie bollywoodienne. Elle sourit et minaude comme les filles de là-bas. Il est grand temps de reprendre la route !

L'itinéraire me gâte en m'offrant des décors maritimes aussi spectaculaires que vertigineux jusqu'à Paimpol. Le Palus-Plage, Port-Moguer et la plage Bonaparte sont des anses enclavées entre des portions de côtes abruptes dont les falaises dépassent les cent mètres de hauteur, paradis des oiseaux de mer. Ici, pas plus les activités portuaires que balnéaires n'ont pu se développer,

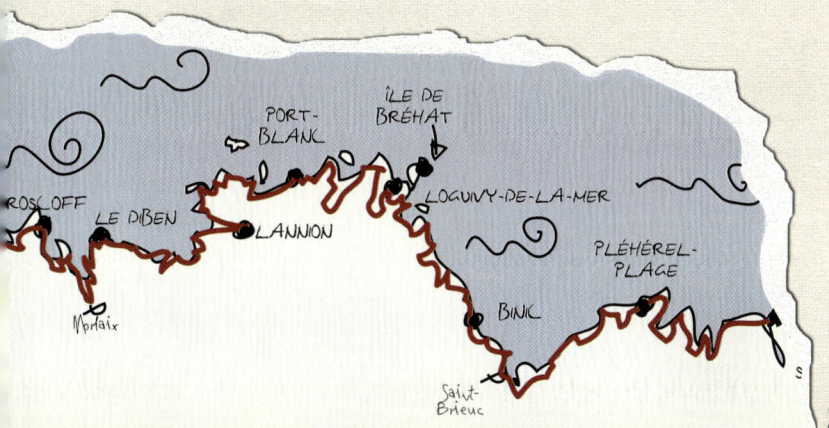

laissant au littoral son caractère intact et sauvage. Parmi ces sites à l'écart des passages et des hommes, la plage Bonaparte servit durant la dernière guerre de lieu d'embarquement aux aviateurs alliés abattus sur le sol français cherchant à rejoindre l'Angleterre. Aujourd'hui, c'est une plage paisible, prisée aussi bien des connaisseurs que des pêcheurs à la ligne. Le port de Bréhec est à peine plus fréquenté. Les conversations vont bon train sur le môle entre pêcheurs à la retraite et plus jeunes. Même animation et discussion bon enfant autour des tables et comptoirs des deux bistrots du quai. J'arrive pile à l'heure de l'apéro. Luc, un Québécois retiré à Bréhec pour un temps indéterminé, vante les qualités de mon vélo avant de me faire le récit de ses virées à bicyclette à travers la Belle Province et les États-Unis. Après la troisième tournée de muscadet, je renonce à me remettre en selle de suite. Luc me propose une ventrée de moules frites. Cet homme de 40 ans vit ici à l'année. Il gère un site Internet mettant en contact des habitants des Côtes-d'Armor avec des Québécois qui souhaitent échanger leurs maisons. La plupart de ses adhérents sont des passionnés de pêche qui s'adonnent à leurs hobbies des deux côtés de l'Atlantique.

Difficile de reprendre la route en corniche, baptisée « circuit des Falaises ». Heureusement que la maréchaussée contrôle rarement les cyclistes, l'alcootest exploserait… De la pointe de Berjule à la pointe de Minard, les landes et les garennes arides s'étendent à perte de vue. En route vers la pointe de Bilfot, je découvre progressivement un panorama de plus en plus étendu qui s'étale de l'anse de Paimpol à la pointe de l'Arcouest avec pour toile de fond l'archipel de Bréhat.

L'air du large me dégrise. Soudain, à la sortie d'un virage, surgissent devant moi les ruines de l'abbaye de Beauport. J'aime ce lieu, point de départ de l'un des chemins de Compostelle à travers la Bretagne. Malgré son état, l'édifice conserve son mystère et sa force quelles que soient la lumière ou l'heure. L'abbatiale se dresse derrière un rideau d'arbres centenaires au fond d'une baie vierge de toute construction. Dès l'an 1200, les moines prémontrés accueillaient dans ces murs les pèlerins fraîchement débarqués d'Angleterre en route pour Saint-Jacques.

L'atmosphère est moins calme à Paimpol qui célèbre une fête. Les bateaux au mouillage sont pavoisés, les quais envahis de brocanteurs spécialisés dans les instruments de marine et l'accastillage ancien. À Paimpol même, l'histoire des terre-neuvas est peu palpable. Dans les rues piétonnes du vieux centre, les inévitables boutiques de fringues et de fanfreluches que l'on retrouve partout ont tué la personnalité de la ville.

Le retour sur le port de Paimpol me renvoie à des souvenirs personnels. Un jour d'avril 1981, avec trois autres jeunes Parisiens à bord d'un voilier de location, nous sommes venus nous amarrer dans ce bassin au terme d'une traversée tumultueuse. Nous formions un équipage disparate et peu amariné. Un coup de vent aussi imprévisible que violent nous surprit de bon matin. Nous avions quitté Granville la veille au soir et faisions route vers Guernesey. Fatigués, nauséeux, pour comble, nous ignorions notre position. L'allure de près devenant intenable et le cap improbable, je suggérai à l'équipage de virer au largue, vers le sud-ouest, où là, au moins, nous étions sûrs de rencontrer une terre familière, la Bretagne. Certitude évidente, mais folie de terrien ! Une main invisible et bienfaisante nous guida parmi les hauts fonds en nous préservant du pire. Bientôt un phare, puis des bouées nous signalèrent le chenal d'entrée d'un port. Enfin, nous dépassâmes une jetée. Nous étions à l'abri, toujours par force 9 et sous voile, car le moteur était hors d'usage en raison d'une drisse qui bloquait l'arbre d'hélice. L'étrave cogna juste un peu le quai au moment d'aborder. Nous étions à Paimpol et déjà deux bateaux étaient en perdition dans les environs. À bord, nous nous regardions incrédules, car sains et saufs ! Plus que les terre-neuvas, Pierre Loti ou « la Paimpolaise » de Théodore Botrel, le mot Paimpol m'évoque toujours cette arrivée épique à la voile.

Six kilomètres me séparent de la pointe de l'Arcouest, puis de la navette qui assure le passage pour l'île de Bréhat. Ploubazlanec, le mur des Veuves du cimetière, la croix des Veuves... les lieux et les personnages de Loti me reviennent en mémoire. Ma prof de français de quatrième nous avait fait lire le roman, mais je n'avais pas attendu après elle pour m'y plonger.

Dès l'âge de 10-11 ans, la lecture de *Pêcheur d'Islande* tenait lieu de rituel obligatoire afin de meubler les journées pluvieuses des séjours en Bretagne.

J'attrape la navette, m'offre une traversée dans la lumière ambrée du soir. Enfin Bréhat et son camping de Goaréva. Avec un nom pareil, j'ai l'impression de débarquer dans un atoll du Pacifique.

Port de Bréhec

Plage Bonaparte

« Paimpol m'évoque toujours cette arrivée épique à la voile... »

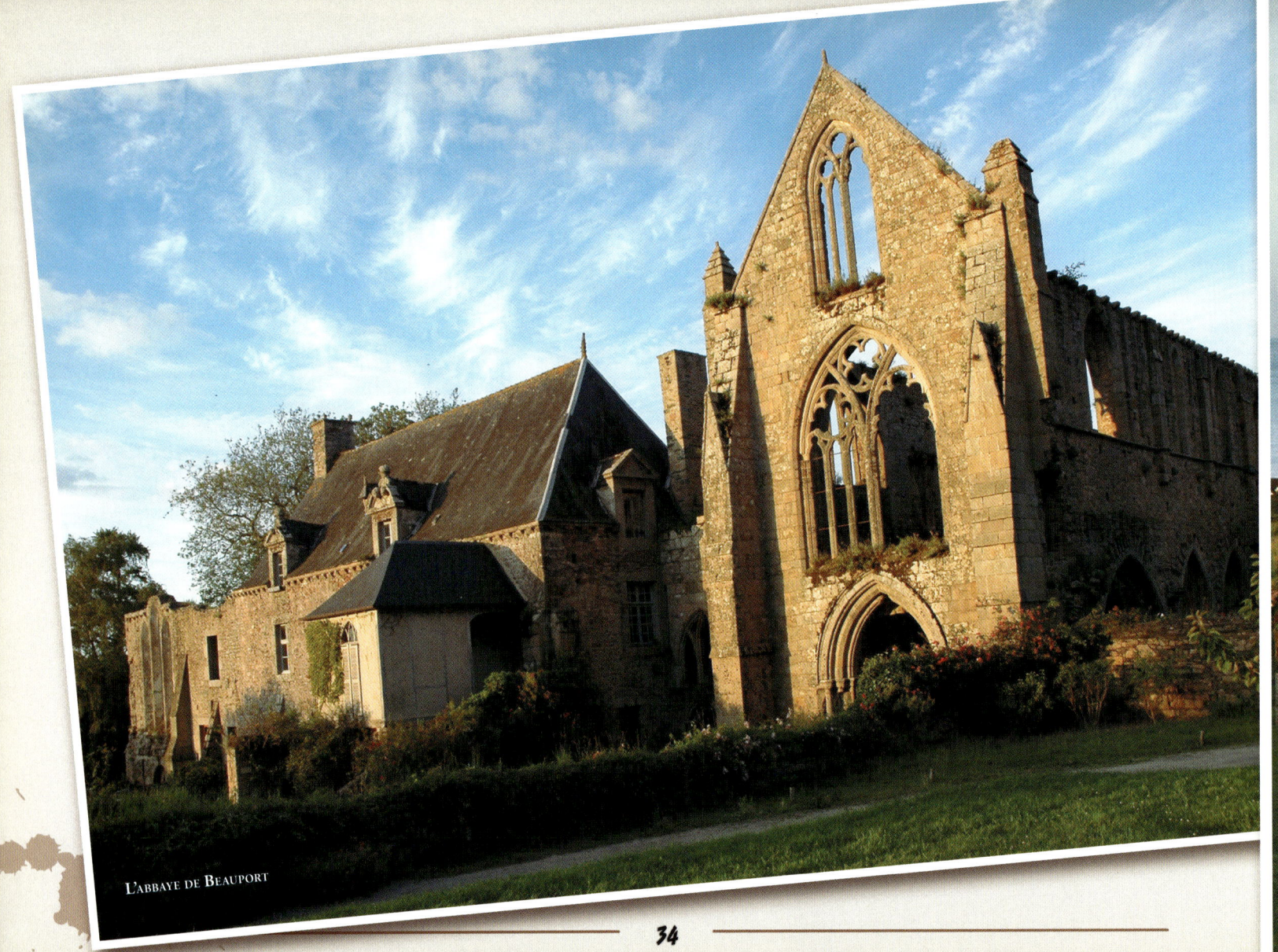

L'abbaye de Beauport

La baie de Beauport

En haut :
chapelle
du Hamon
Ploubazlanec

À droite :
croix des Veuves
Ploubazlanec

En bas :
mur des Veuves

La Côte du Goëlo
L'île de Bréhat

Le tour de la Bretagne est déjà assez long pour ne pas y ajouter les îles. Bréhat fait exception pour de multiples raisons. Toujours ces sacrées madeleines… souvenirs, souvenirs !

J'ai passé la nuit sous les pins de Goaréva. Dès le réveil, je me surprends à fantasmer sur cette Goaréva – fée celte ou beauté exotique ramenée par un marin d'une terre lointaine ? Ce matin, l'air embaume l'arôme mielleux des ajoncs et quand la brise tourbillonne entre les pins, s'ajoute une senteur de résine. Dans le chenal du Kerpont, la mer prend des teintes émeraude, bien protégée à l'ouest par l'île Béniguet, l'île du Bon Dieu. Bréhat, ce bout de terre éclatée en centaines d'îlots, a bien un goût de paradis. Sur le réchaud, l'eau chauffe pour le thé, je mange mes flocons d'avoine. Tout autour de moi, il y a des guitounes lilliputiennes pour amateurs de « robinsonnades », des couples d'étudiants profitant du week-end pour venir batifoler au vert, loin des regards indiscrets des parents. D'ailleurs, hier soir, j'avais le sentiment d'être un intrus dans leur groupe : j'ai hélas l'âge d'être leur père.

Je laisse mon vélo et son paquetage sous bonne garde au bourg, puis pars à pied explorer l'île. Je voudrais marcher au hasard, pourtant machinalement j'emprunte un itinéraire qui tient à la fois de l'inventaire et du pèlerinage : chapelle Saint-Michel, moulin du Birlot, croix de Maudez. Les pistes zigzaguent parmi les résidences secondaires cossues, épousent les replis des anses et les saillies des caps. Soudain, je crois reconnaître un pin immense aux branches basses d'où j'avais vu surgir l'Ankou un soir d'escale à minuit passé. La veillée au coin du feu chez des étudiantes parisiennes en vacances avait été longue et câline. Notre chef de bord avait apeuré les filles et tout l'équipage en racontant des histoires de revenants avec pour vedette, l'Ankou, la Mort qui rôde et fauche les vivants. Au moment de regagner le bateau, le chef avait disparu dans la nature. Nous suivions les chemins à la lueur de la lune, pas plus fiérots les uns que les autres, lorsqu'un spectre armé d'une faux a sauté d'une branche juste devant nous. Nos premiers cris d'effroi passés, le chef s'était dévoilé, emmitouflé dans une cape, un aviron brandi à bout de bras.

Je marche vers le nord de l'île et le phare du Paon. En mettant un pied devant l'autre, je retrouve cette façon singulière de revisiter le temps qu'engendre la marche. Explorer le passé n'éveille pas chez moi la nostalgie, dès l'instant où mon corps est en mouvement et qu'il participe pleinement à cette mobilité sans l'emploi d'aucun artifice, à l'instar de la bicyclette. J'aime le vélo pour les sensations puissantes qu'il procure : la vitesse et le vent sur la peau.

À pied se développent des sentiments de plénitude qui abolissent l'angoisse du temps qui file. Le temps s'égrène, les pas s'enchaînent également, recherchant le tempo adéquat susceptible d'anéantir l'impression trop réelle d'écoulement et de la fuite inexorable de l'existence. Trente-trois ans ont passé depuis ma première escale à Bréhat. À peine de la nostalgie, elle était mon premier éveil à la liberté, une liberté dont je jouis toujours, car j'ai toujours refusé de me plier aux carcans trop rigides. Cette escale à Bréhat, c'était durant les vacances de Pâques de mon année de première au lycée, ma première croisière à la voile, tout l'équipage avait moins de 20 ans, les escales étaient magiques, car certaines étaient associées à des prénoms féminins : Lesley à Jersey, Marie-Agnès à Bréhat…

De retour au bourg, je savoure une bière. Il fait soleil et même chaud. Les visiteurs, venus nombreux passer la journée sur l'île, se massent sur la place, pique-niquent sur les bancs, remplissent les terrasses des bistrots.

Dans l'après-midi, je reprends la vedette pour le continent, puis pédale jusqu'à Loguivy. Le port avec sa flottille de bateaux au mouillage et les casiers qui s'entassent sur le quai compose un décor qui attire les peintres depuis longtemps. Rien de surfait pour autant. Les vieux viennent tailler une bavette tout en surveillant les allers et venues des caseyeurs. Loguivy s'est spécialisé dans la pêche au homard bleu, l'unique et authentique homard breton dit-on ici. Je me contente d'un plat plus commun et plus dans mon budget à l'heure du dîner.

ÎLE DE BRÉHAT

Rochers près du phare du Paon

Port de Louvigny-de-la-Mer

La Côte du Trégor
De Loguivy-de-la-Mer à Port-Blanc

A LA SORTIE DE LOGUIVY, à deux pas de résidences récentes, je découvre une allée couverte dans un bel état de conservation. Je m'amuse à emprunter le tunnel de granit, oubliant un instant qu'il s'agit d'une sépulture. Pour rien au monde je n'irai visiter des catacombes et les cryptes me mettent plutôt mal à l'aise. Si je reste indifférent aux « esprits » de la Préhistoire, c'est sans doute que leurs pouvoirs maléfiques sont arrivés à prescription. Ces terreurs qui me poursuivent depuis l'enfance m'agacent, elles me viennent de mes grands-parents bretons qui raffolaient de toutes ces choses. La route jusqu'à Lézardrieux tourne le dos au large pour s'enfoncer dans les terres – tristesse. J'enjambe le Trieux pour mettre cap au nord vers les confins des terres – bonheur. En chemin, le village de Kermouster croule sous les fleurs, la digue de l'île à Bois donne envie de jouer les Robinson, mer et poussières de terres s'entremêlent à l'approche du Sillon de Talbert. Cette étrangeté géologique est un doigt de galets, long de trois kilomètres, pointé vers le large. Les amoureux des symboles et les obsédés sexuels y verront plutôt un phallus pénétrant les ondes. Il est aussi question d'amour dans l'une des légendes qui court à propos de ce Sillon. L'histoire raconte que l'enchanteur Merlin, amoureux de la fée Viviane, aurait déversé sur les fonds marins des cailloux par millions afin de bâtir une chaussée reliant le continent à l'île Talbert où demeurait la belle.

Après ce grand bol d'air du large, il me faut à nouveau obliquer vers l'intérieur des terres en longeant à peu de distance la rivière Jaudy. Tréguier est au fond de cette ria, à douze kilomètres de la Manche. Son port fluvial exportait au Moyen Âge le chanvre et le lin. Les demeures à colombages qui bordent la rue Ernest-Renan furent les témoins de ce passé et de l'effervescence commerciale. Aujourd'hui, Tréguier semble passablement endormie. La place de la cathédrale est monumentale, à l'instar de l'édifice dédié à saint Tugdual, le moine gallois qui fonda la ville au VIe siècle. Tréguier a pour second parrain Yves de Kermartin, Yves tout simplement, saint patron des avocats et défenseur des pauvres contre les riches trop puissants.

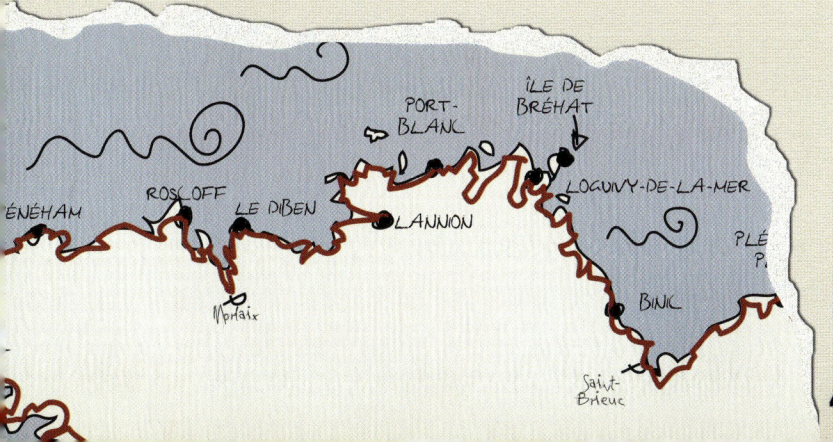

Avec un tel aéropage de saints hommes, Tréguier ne pouvait que devenir un lieu de pèlerinage. Elle est en effet une étape majeure du Tro Breiz. Les kilomètres de la matinée m'ont mis en appétit. Je découvre dans une ruelle une poissonnerie qui se convertit en restaurant à l'heure des repas. Coquillages, crustacés et poissons figurent à la carte, à des prix très doux. Pain, beurre et tourteau tiendront lieu de menu gastronomique.

L'après-midi m'apporte une autre forme de gastronomie à travers des paysages sauvages et magnifiques. À chaque nouveau virage, j'en redemande encore. Le circuit « Côte des Ajoncs » me rend insatiable de beauté. Le festival démarre à la Roche-Jaune, un petit port ostréicole sur le Jaudy. À Saint-Gonéry, la flèche de la chapelle a des airs penchés, façon tour de Pise. La voûte en bois à l'intérieur du sanctuaire montre des peintures de la fin du Moyen Âge qui racontent la Bible en mêlant naïveté et précision, à l'instar des apôtres coiffés de leurs turbans de grands vizirs. Après Pors-Hir, la côte prend des allures infernales avec les chaos rocheux, les caps sévères et les sarabandes des oiseaux au-dessus des embruns. Ici le Gouffre succède à la baie de l'Enfer, autant de noms charmants à cent lieux d'évoquer une douce riviera. Au beau milieu de ce spectacle dantesque se dresse la célèbre Petite Maison dans la prairie… ou plutôt dans les rochers ! Castel Meur fit couler beaucoup d'encre, suite aux campagnes de pub lancées par les offices de tourisme locaux qui voulurent utiliser l'image de cette maisonnette pour vanter la beauté de la Bretagne. Des hordes de touristes venus de toute l'Europe et même du Japon envahirent les lieux. Les plus culottés n'hésitaient pas à grimper sur les rochers alentour afin d'obtenir un cadrage inédit de la bicoque et de ses occupants, furieux. La justice finit par mettre fin à ce cirque. Aujourd'hui, le propriétaire a garé sa voiture juste devant la maison. Bien entendu, les visiteurs grommèlent, car cela ruine la photo, à moins de connaître la retouche numérique…

Le circuit « Côte des Ajoncs » se poursuit avec la magnificence des décors pour compagne de voyage. Le temps vire par moments aux grains et bourrasques, rendant la progression à vélo difficile et pénible. L'instant suivant, le soleil revient pour irradier la rade du port de Buguélès ou de Pors Scaff. La marée basse m'offre l'opportunité de passer à gué l'anse de Pellinec. Je m'engage à demi rassuré, car la chaussée recouverte d'algues vertes est glissante. Me voici imitant les Hébreux traversant la mer Rouge, mais sans les murailles d'eau qui menaçaient le peuple en fuite dans la mise en scène de Cecil B. De Mille. La grande bleue mâtinée de turquoise et le sable éblouissant de Port-Blanc représentent une tentation trop forte : je plonge. L'eau glaciale est revigorante, mais je n'irai pas patauger dedans pendant des heures comme le font les mômes chassant les crabes avec leurs haveneaux. Catamarans et Optimists accostent face au club nautique, les cris des apprentis marins troublent un bref instant le cours paisible de la vie à Port-Blanc. Je rends une visite amicale à la chapelle Notre-Dame, étrange vaisseau, avec sa toiture qui descend jusqu'au ras du sol, conférant à l'édifice la silhouette d'une tente canadienne géante. À propos de tente, je décide de relâcher pour la nuit dans cette petite station familiale. Le camping encore désert est une merveille de tranquillité. À la lueur de ma lampe frontale, je dépiaute une araignée de mer fraîchement pêchée par le mareyeur dans le vivier et cuite dans la foule. Régal absolu !

Paysage aux abords du Sillon de Talbert

« Pain, beurre et tourteau tiendront lieu de menu gastronomique. »

La baie de l'Enfer

PORS HIR

Pors Hir

Le Gouffre

La côte près du Gouffre

Port de Buguélès

Port de Buguélès

Port-Blanc

La Côte de Granit Rose
De Port-Blanc à Lannion

L'ITINÉRAIRE DU JOUR dresse l'inventaire des plus belles stations de la Côte de Granit Rose : Perros-Guirec, Ploumanac'h, Trégastel. Avant cela, je traverse la plage de Trestel très recherchée par les adeptes du *kitesurf*. Moi-même je me sens pousser des ailes avec cette forte brise arrière qui m'encourage à filer vers l'ouest. C'est à peine si je remarque en passant le phare de Nantouar, aussi mignon qu'un cottage anglais avec ses peintures aussi pimpantes que claquantes et entouré de massifs d'hortensias.

Dans la marina de Perros, les voileux ont déjà revêtu leurs cirés en prévision d'une sortie en mer. Au comptoir du bistrot où je m'arrête pour un café, d'autres marins discutent de leur traversée vers Guernesey qui promet d'être agitée, un avis de grand frais est prévu pour ce soir ! Ces mots me renvoient de suite à de vieilles madeleines qui me chavirent le cœur ; je préfère encore le terrain des vaches, même si le pédalage par grand vent n'a rien d'une sinécure. Pour le moment, les plages de Trestrignel et de Trestraou respirent le calme et l'élégance. Les tentes rayées en rang d'oignons attendent les jolies mamans accompagnées de leurs petites têtes blondes. Tout le monde est vêtu de tricots Saint James et, aux pieds, les mamans de Tod's, la marmaille de tongs. Entre les deux plages, les villas jalonnent le chemin de la Messe. J'imagine que des générations de respectables familles ont emprunté cette rue, chapeautées, gantées, sur leur trente et un pour se rendre à l'office dominical – ainsi soit-il ! Chaque demeure s'abrite derrière de hauts murs et des haies épaisses. De loin en loin, j'aperçois la mer avec au large les Sept-Îles. À peine sorti de Perros, je rejoins le sentier douanier de Ploumanac'h pour une petite marche jusqu'à la pointe de Squewel dominée par le phare de Men-Ruz, la Pierre rouge. Randonneurs, badauds et joggers sont déjà nombreux à arpenter cette portion de littoral qui compte parmi les plus exceptionnelles de la Bretagne. À proximité du phare, les rochers s'entassent sous forme de chaos inextricables.

Je remonte en selle pour traverser le port de Ploumanac'h, puis celui de Trégastel, presque totalement clos. Moulins à marée et coques posées sur la vase au fond du havre composent un décor qui ravit un couple

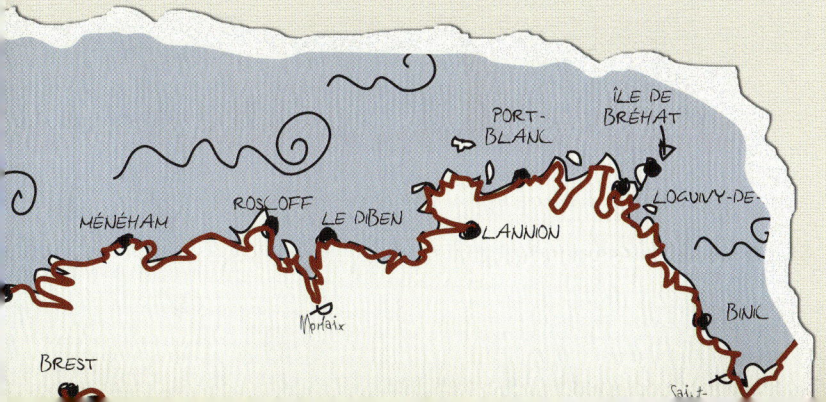

LE PHARE DE NANTOUAR

de vieux Anglais travaillant de concert fusains et aquarelle. À la sortie de Trégastel, le château de Costaérès surgit parmi les rochers en arrière-fond d'une grève. Encore une image d'Épinal bretonne. Cette forteresse d'inspiration médiévale est l'œuvre d'un architecte polonais.
Je retrouve la nature avec la lande et les pins. La vue s'ouvre soudain sur la baie de Landrellec qui exhale une forte odeur d'iode. Frustré de ne plus voir le large, je m'offre un détour par l'île Grande qui n'est plus vraiment une île depuis qu'un pont la relie à la terre ferme. Qu'importe, les ruelles du village sont étroites, manifestement pas prévues pour de gros passages. Elles n'ont été tracées que pour faciliter la circulation des autochtones, bien avant les invasions touristiques. C'est à cela que je reconnais les îles, mélange d'intimité sécurisante et de confinement. L'île Grande était déjà occupée sinon habitée par les hommes il y a cinq mille ans, comme en témoigne l'allée couverte, à deux pas du bourg. À l'ouest, les plages sauvages alternent avec des portions de côte bordées d'écueils. Des troncs d'arbres entiers sont échoués sur le rivage, des bouteilles en plastique et des boulettes de mazout également ! Je grignote des crêpes tartinées de pâte de coing, assis sur un banc, face au port. Un vieil homme vient me faire la causette. Il m'apprend que le granit de l'île a servi à paver les rues de Paris, et d'ajouter : « Il y avait des carrières au XIXe siècle, mais on ne s'est pas gêné non plus pour débiter d'anciens menhirs. » Me vient aussitôt une pensée émue en songeant aux pauvres CRS de mai 68 qui recevaient des morceaux de menhir !

À Trébeurden, je retrouve l'atmosphère station balnéaire et port de plaisance. Les plages sont superbes, et l'îlot Castel parcouru de sentiers me donne l'occasion d'une balade à pied parmi les fougères et les rochers. J'ai laissé une fois de plus mon vélo à la garde d'un café. Sur la route de Porz Mabo, la corniche domine la baie de Lannion avec en premier plan, l'île Milliau et la pointe de Bihit. Au large, je distingue la silhouette du phare des Triagoz, vers l'ouest les roches de Primel et même l'île de Batz. Demain, j'aborderai le Finistère, je me rapproche lentement mais sûrement des confins des terres. Pour l'heure, j'oblique vers Lannion, ce qui me force à faire cap à l'est et à tourner le dos à la mer.

« Je grignote des crêpes tartinées de pâte de coing... »

Les rochers de Ploumanach

Ploumanach : phare de Men Ruz

Trégastel : château de Costaérès

Port de Trégastel à marée basse

Balise jaune à la sortie de Locquirec

La Côte de Granit Rose
De Lannion au Diben (Primel-Trégastel)

ES ABORDS DE LANNION NE M'INSPIRÈRENT GUÈRE en arrivant. Néanmoins, l'accueil chaleureux de la chambre d'hôtes située au pied de Brélénevez, puis la découverte du vieux centre m'ont fait changer d'avis. Brélévenez, le mont Joie en breton, est un lieu de pèlerinage depuis le Moyen Âge. L'Église catholique a toujours fait payer cher les indulgences accordées aux fidèles. Ici, il faut d'abord gravir cent quarante marches avant d'espérer quoi que ce soit du Bon Dieu ! À défaut d'une clémence céleste incertaine, je profite de l'instant présent. La vue ne vaut pas tripette depuis le Crec'h Tanet, le sommet enflammé, sur lequel se dresse l'église bâtie au XIIe siècle à l'initiative des Templiers. En revanche, le porche de l'entrée et ensuite les personnages sculptés de la mise au tombeau dans la crypte me replongent dans la symbolique romane, une esthétique épurée qui m'émeut toujours plus depuis que je connais Compostelle. Les artistes médiévaux avaient le don de transposer dans la pierre ou le bois la simplicité et la force de leur foi. À l'heure du dîner, l'atmosphère est différente. Je suis attablé dans un restaurant sans prétention à côté de deux jeunes femmes parlant chiffon. Je fais mine de ne pas écouter leur conversation, et pourtant, pas un mot ne m'échappe. Tout cela est aussi passionnant que la lecture d'un magazine féminin dévoré en cachette. Après quelques regards complices et fous rires, les filles m'invitent à prendre part à la discussion qui dérive inévitablement sur d'autres sujets, puis se prolonge à une terrasse de café.

Ce matin, la brume enveloppe les rives du Léguer à la sortie de Lannion, mais il me suffit de m'élever un peu sur le flanc de la vallée pour rencontrer le soleil. La pierre recouverte de lichen de l'enclos Saint-Ivy resplendit chaudement sous les rayons matinaux. La petite route serpente ensuite parmi les fermes et les porcheries. Dans les montées, j'inspire à pleins poumons l'odeur de lisier, je me dope littéralement à la puanteur ! Le Yaudet est sous la brume, je poursuis vers la pointe de Séhar, puis Trédrez. Ce village possède un splendide enclos paroissial, le plus ancien de Bretagne, commente l'étudiante en doctorat d'histoire de l'art qui examine des détails architecturaux de l'édifice. Ma venue la distrait un instant et lui donne l'occasion

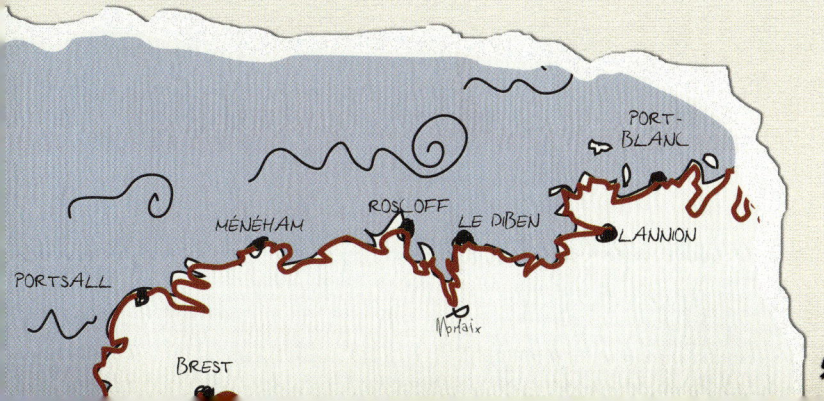

CHAPELLE CHRIST

de faire quelques pas. La pauvre a l'air transi de froid avec l'humidité qui suinte des murailles de la nef.

À Saint-Michel-en-Grève, les morts bénéficient d'une imprenable vue sur mer. Cimetière et église surveillent la vaste grève face à la baie de Lannion. La route longe la Lieue de Grève, un tracé que les Romains empruntaient déjà pour rallier le Léon depuis le Trégor. Plus tard, les dévots se rendant à l'église de Saint-Efflam, renommée pour son pèlerinage, coupaient par la grève. Après les effluves de lisier, ces quatre kilomètres de plage me font retrouver l'odeur du large, à laquelle se mêlent de légers parfums de vase et de varech. Désormais l'élément marin cerne les terres. Je pénètre enfin dans le Penn ar Bed, en français le Finistère.

Le marché de Locquirec vit son coup de feu de onze heures lorsque j'y débarque. Je confie mon vélo à des vieux, attablés au bar-tabac-PMU, des habitués sans doute, si j'en juge par leur teint couperosé. Je fais quelques courses en prévision de mon pique-nique, et salue saint Jacques en passant au pied du calvaire, face à l'église qui lui est dédiée. En des temps très anciens, le port de Locquirec avait Kirec pour saint patron, jusqu'au jour où saint Jacques lui ravit la vedette, sous prétexte qu'après avoir évangélisé la Galice, l'apôtre aurait accosté en ce point précis des côtes bretonnes. De retour au bistrot, les vieux me questionnent sur mon périple, la maréchaussée s'y intéresse aussi, enhardie par les tournées de vin de blanc. Mon départ s'opère avec la bénédiction des gendarmes qui me souhaitent bonne route.

La route est bonne en effet, mais surtout belle. En corniche, elle évolue parmi les fougères, les ronces et les ajoncs, la Manche et les écueils en arrière-fond. Aucune habitation à l'horizon sauf au creux des vallons où courent des ruisseaux qui se jettent dans la mer par de minuscules estuaires. Poul-Roudou en est le parfait exemple avec sa plage et son camping lilliputiens. Il y a surtout sa bouquinerie Caplan and Co, un lieu idéal pour une robinsonnade livresque. Je m'y arrête le temps d'un pique-nique. Au carrefour suivant, la chapelle gothique Christ surveille avec un rien d'arrogance les rares autos qui passent. À l'exception d'une fourgonnette de la poste, je n'ai croisé personne depuis des kilomètres. Le tracé prend de l'altitude au niveau de Beg-an-Fry. Ce nom pourrait désigner une nouvelle variété de *fish and chips*. Après Caplan and Co et compte tenu de la forte densité d'Anglais qui réside dans le coin, il n'y aurait rien d'étonnant à cela. Pourtant, aucun anglicisme dans l'appellation bretonnante Beg-an-Fry qui désigne une pointe rocheuse assez spectaculaire et bien plus alléchante qu'un morceau de morue et des frites emballées dans du papier journal. Jusqu'à Primel, les points de vue s'enchaînent, je me régale à chaque instant. Je traverse Saint-Jean-du-Doigt et Plougasnou comme une flèche, car j'ai très envie de clore cette journée au bord de l'eau, au calme avec un bouquin pour me tenir compagnie. Primel-Trégastel est une station pas trop sophistiquée, elle pourrait me convenir. Je préfère pousser jusqu'au port du Diben. Les roches chaotiques, les bateaux échoués de manière anarchique, les odeurs de vase, de goémon qui se mélangent aux senteurs plus fortes de bestioles en décomposition aux abords des viviers, tout cela forme un ensemble pas mièvre pour un sou. Cela respire la vie ! Tente et vélo déposés au camping, je repars à pied jusqu'au port. Je profite de la marée basse pour arpenter la vase pieds nus. J'aime quand la substance grise et visqueuse gicle entre les orteils. Je m'amuse aussi à taquiner les coques en tapotant avec le gras du pouce contre leurs deux yeux brillants, deux orifices qui se ferment aussitôt en laissant jaillir un modeste jet d'eau. Mon grand-père adorait ce jeu-là. Il ramassait les coques ou les palourdes, les ouvrait de suite d'un coup de canif. C'était salé dans la bouche, un peu craquant sous les dents à cause du sable. À présent, il est interdit de récolter à peu près partout ces coquillages, pollués dit-on.

Je lis, me baigne, prends des notes, puis achète un dormeur chez le mareyeur qui me le cuit aussitôt à la vapeur. Dégustation face à la mer avec des tartines de demi-sel. La vie est belle !

« Désormais l'élément marin cerne les terres. »

L'arrivée dans le Finistère
Du Diben à Roscoff

RAND CIEL BLEU ET ÉTAPE FACILE au programme de la journée. La baie de Morlaix, parsemée de nombreux îlots, respire la tranquillité comparée aux portions de côtes exposées face au large. La silhouette austère du château du Taureau en commande l'entrée. Cette forteresse a connu bien des vicissitudes à travers l'Histoire : tour à tour système défensif conçu par Vauban, lieu de garnison ou prison, le pire survint sans doute dans les années 1970, lorsque le bâtiment abrita une école de voile. Des bataillons d'adolescents venaient y suivre des stages en internat pendant les vacances scolaires. Pour y avoir participé, je peux garantir que l'atmosphère ne prêtait ni à la morosité, ni à la discipline militaire.

La visite du cairn de Barnenez ne demande qu'un léger détour, je me presse sur le site que Malraux qualifiait de « Parthénon des Bretons ». Le tumulus domine une presqu'île arborée de pins. Il a été découvert par hasard dans les années 1950, alors que ses pierres alimentaient une carrière. L'exploitant peu regardant trouvait au sommet de ce tertre une matière première facile à extraire et prête à l'emploi. Il dut se rendre à l'évidence et alerter les services archéologiques lorsqu'il fit la découverte des premières chambres funéraires. Au final, les fouilles dénombrèrent onze tombes datant d'environ 4500 av. J.-C.

Mon parcours se poursuit par le port ostréicole du Dourduff. Trop tôt pour céder à l'appel des mollusques, je remonte la rivière de Morlaix. La route louvoie afin de coller au plus près du cours d'eau indécis. À marée basse, le débit se résume à un filet verdâtre qui coule au fond de la vasière. Les goélands perchés sur les bouées cardinales du chenal guettent les asticots. En hauteur sur les rives, parfois cachées derrière les arbres, de nobles demeures regardent passer les autos, les bateaux, les vélos et les bigorneaux. Aucune envie de me fouler aujourd'hui, ni sur la route, ni sur le papier. Le viaduc de Morlaix se dresse juste devant moi. Ce bel ouvrage est lié au désenclavement du Finistère avec l'avènement de la ligne Paris-Brest durant la seconde moitié du XIXe siècle. C'est un peu grâce à lui (ou bien à cause de lui) que mes grands-parents, comme beaucoup d'autres

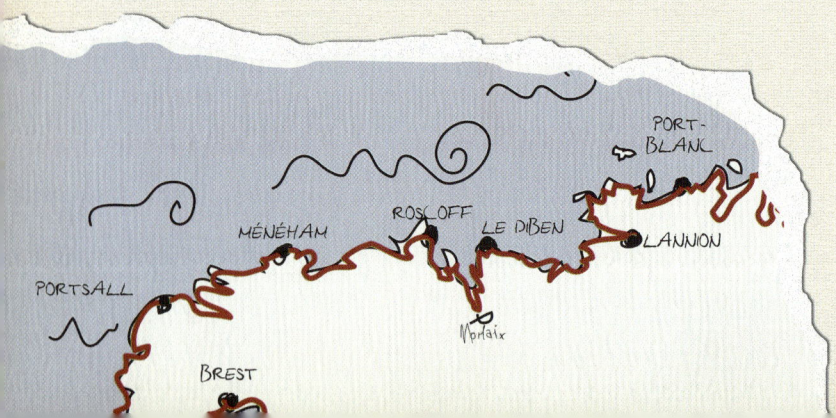

Bretons, ont eu l'idée de « monter » à la capitale. En m'asseyant à une terrasse place de Viarmes, j'adresse un ultime regard au colosse qui enjambe la vallée en survolant la ville. Je me détourne de cette vision lugubre afin d'observer les étudiants qui rigolent de bon cœur à la table voisine. J'avais lu dans un magazine que Morlaix figurait sur la liste des villes exsangues. Certes les corsaires ne font plus fortune et la manufacture des tabacs créée au XVIIIe siècle par la Compagnie des Indes a fermé définitivement en 2004. Le vieux centre paraît malgré tout respirer la vie. Je me balade un moment sous les façades à colombages et sur les quais avant de repartir.

Je retrouve la rivière, mais cette fois je longe la rive gauche en filant vers l'aval. L'appel du large me donne des ailes, à moins que ce ne soient les viviers de Prat-Ar-Coum. Deux douzaines d'huîtres, du thon à l'huile. Dans le bourg de Carantec, je complète avec trois tomates et du pain. En avant pour un pique-nique face à l'île Callot. Inutile d'espérer rejoindre l'île, la mer monte, le gué est sur le point d'être submergé. Je reste sur la terre ferme pour me gaver de pain-beurre aux huîtres. Dit de cette façon, ça sonne presque comme jambon-beurre, mais c'est bien meilleur. Plus au sud, du côté du Gers, je connais pareillement le foie gras-beurre… en fait, c'est sans beurre, juste avec du pain, et c'est très bon aussi ! Avec un petit Jurançon, cela touche aussi sublime, pas besoin d'un Sauternes, bien trop snob. Pour l'heure, c'est Saint-Yorre, j'ai encore de la route à faire jusqu'à Roscoff.

Carantec possède un charme fou avec ses plages, ses pointes, ses îles… Un pouvoir de séduction fatal qui se répercute sur la cote de l'immobilier. Dans la station, les prix virent à la folie au point d'atteindre des sommets : de quoi donner le tournis ou écœurer les doux rêveurs dans mon genre.

Le pont de la Corde franchi, je n'ai plus qu'à mettre le cap sur la flèche du *kreisker* de Saint-Pol-de-Léon. La route étroite, une voie verte pour vélos, ne dessert que des fermes et court parmi les champs d'artichauts ou d'oignons. Ici, les cultures maraîchères sont multiples, en pleine terre ou sous serres. En passant le pont de la Corde, je suis entré dans le pays du Léon. La terre léonarde est dure, le climat pas facile, les gens du coin étaient autrefois perçus par ceux d'ailleurs comme des rustres, voire des sauvages à l'instar des habitants du pays Pagan qui devenaient à l'occasion d'une fortune de mer, des pilleurs d'épaves. Pas pauvres parce que travailleurs, les Léonards avaient la réputation d'être bigots. C'est pour fuir cette dureté et cette austérité que mes grands-parents tentèrent leur chance à Paris en 1920, comme dix ans plus tard, les habitants de l'Oklahoma, les « Okies » quittèrent les grandes plaines pour la Californie.

Voici Saint-Pol-de-Léon. Les mousses accrochées au granit du *kreisker* donnent une belle teinte jaune orangée à la pierre finement sculptée. La flèche de près de quatre-vingts mètres de haut donne le vertige, d'autant qu'au loin dans le ciel, les troupeaux de nuages ont repris leur transhumance vers l'est à un rythme effréné – signe de mauvais temps en perspective pour la soirée ou la nuit. Une dépression s'annonce. Les rues du centre-ville convergent au pied de la cathédrale, un vaste vaisseau dédié à saint Pol Aurélien, moine venu de Grande-Bretagne, évangélisateur de ce pays d'impies et premier évêque de la ville au VIe siècle. Face au chevet, la maison Prébendale exhibe sa pure façade Renaissance. Une brochure touristique précise que la demeure appartenait au chanoine prébendé, le haut dignitaire local de l'Église qui avait le pouvoir lever l'impôt ecclésiastique. Un couple passe près de moi et me demande à qui appartenait la maison, et moi de répondre très fier : "au chanoine prébendé". Ils repartent furieux, persuadés que ma réponse relève de l'obscène.

De retour en bordure du rivage, je découvre l'avancée vers l'îlot Sainte-

CAIRN DE BARNENEZ

Anne. L'anse de sable blanc et de faible profondeur prend des allures de lagon. Je pose le vélo et me jette à l'eau. La comparaison avec les mers du Sud s'arrête à la couleur, la température ferait plutôt songer à la Baltique !

C'est encore une voie verte qui m'achemine jusqu'à Roscoff. En approchant du port du Bloscon, les *bottle shop* se multiplient et les signaux routiers recommandent aux Anglais et Irlandais de « keeper leur right ». Un bateau des Irish Ferries est sur le point d'appareiller pour Cork. Que d'exotisme ! Roscoff a toujours regardé au-delà de l'horizon et commercé avec les Anglais, les Flamands, les Espagnols. Les producteurs d'oignons des environs de Roscoff partaient autrefois avec leurs jeunes fils vendre leur production de l'autre côté de la Manche. Les autres Roscovites les surnommèrent les Johnnies.

Lorsque je naviguais dans les parages, Roscoff était une escale obligée, au moins le temps de l'avitaillement, car le plus souvent nous préférions faire un mouillage forain devant le jardin tropical de l'île de Batz. Depuis ma redécouverte récente de la Bretagne, j'essaie toujours d'inclure Roscoff dans mes périples. La cité et le port respirent l'odeur du large et donnent envie de vivre l'aventure. J'aime longer le quai à marée haute comme à marée basse, la lumière est toujours étrangement belle dès qu'un rayon de soleil filtre à travers la couverture nuageuse. Par grand ciel bleu, tout devient plus anodin et le charme s'évanouit. L'avant port est animé par les vedettes qui font la navette avec l'île de Batz, il y a également les marins qui vendent directement leur pêche du jour : lottes, lieus, pétoncles, dormeurs et araignées, c'est selon. Le premier bistrot en quittant le quai permet de surveiller l'animation en se tenant assis et à l'abri, attablé devant une Coreff, la bière *made in* Morlaix. Reste à emprunter la passerelle qui s'avance loin dans le chenal de Batz pour conduire à l'embarcadère de fortune que dessert la navette à basse mer. L'ouvrage permet de survoler les écueils, d'observer les grandes laminaires qui oscillent dans le courant, de côtoyer les goélands culottés qui viennent narguer le passant, d'entendre faseyer les voiles lorsque les croiseurs virent de bord en tentant une remontée du chenal vent de face. Retour en ville, non pas pour une séance de lèche-vitrine, ce n'est pas trop mon truc, mais plutôt de lèche-façades. Celles de Roscoff fourmillent d'originalité. Les fenêtres Renaissance sont gardées par des matelots fumant la pipe, des sirènes, des dragons et bien entendu quelques saints et saintes. Le cadran solaire de l'église a la fâcheuse idée de nous rappeler à notre heure dernière, comme si la présence de l'ossuaire, aussi beau soit-il, ne suffisait pas à nous glacer d'effroi. Heureusement qu'à quelques pas de là se trouve la pâtisserie qui confectionne un *kouign amann* à tomber par terre, surtout lorsqu'il est savouré tiède. De quoi ramener un moribond aux plaisirs de la vie !

PORT DE LA CORDE

« La cité et le port respirent l'odeur du large et donnent envie de vivre l'aventure. »

ÎLE SAINTE-ANNE

Château de Kérouzéré

Phare de l'Île de Batz

Port de Moguériec

Le rivage à Keremma

La Côte des Légendes
De Roscoff à Ménéham

HIER SOIR, EN FERMANT MA GUITOUNE, la lune était voilée et le ciel avait grise mine. Mon grand-père aurait sans doute déclaré : « Ça sent la flotte », ou pire, « Ça va dérouiller cette nuit. » Môme, je n'aimais pas ce bulletin météo qui annonçait généralement l'orage et de fortes pétarades. Les tempêtes nocturnes à l'inverse me ravissaient. Les rafales de vent qui hurlaient dehors accentuaient la sensation de confort du lit et faisaient paraître plus chaud et moelleux l'édredon. Cette nuit, je n'ai ressenti aucune impression de bien-être dans ma tente. Dès que le vent est monté en puissance, la tente a gigoté, puis menacé de s'envoler à chaque nouvelle rafale. Encore heureux que la cheftaine du camping ne m'ait pas donné le droit de m'installer face à la mer, je me serais peut-être retrouvé dans les monts d'Arrée ou du côté de Guingamp !

Au plus fort de la tempête, je me suis réveillé, intimement convaincu que le camping-car qui me protégeait partiellement des rafales allait basculer et m'écraser. Je me suis accordé sans façon l'extrême-onction, puis j'ai dormi comme un loir. Ce matin, je lève le camp au plus vite. Mes voisins ont de sales têtes, ce mois de juin est certes pourri, mais pas de quoi songer au suicide. Dans les douches, aux poubelles, aux toilettes, c'est la consternation ! Je me tire avant qu'une équipe de France 3 vienne filmer le désastre et que le journaliste du JT prenne sa tête de 11 septembre. Je vais filer, sans doute pas vite avec le vent de face et sûrement mouillé, car cela ne crachine pas, c'est le déluge ! Une vraie averse de mousson.

Je quitte la presqu'île de Perharidy qui disparaît aussitôt dans la grisaille. Je passe Santec, puis Dossen, face à l'île de Sieck. La Côte des Légendes, avec ses paysages superbes mais tragiques, pourrait servir de décors au tournage d'un téléfilm mélodramatique – un récit à faire pleurer Madeleine ou à consoler un cyclotouriste en déroute luttant contre le vent et la pluie. Lorsque la piste longe la ria du Guillec, plus à l'abri des rafales, je retrouve le plaisir d'observer le paysage alentour. Les rives hébergent quantités de courlis et de bernaches. Le fond de la ria abrite également un moulin non loin d'un hameau qui porte le nom de Saint-Jacques. Encore et toujours un lieu de passage des pèlerins d'antan. Où que j'aille, l'aventure millénaire de ce pèlerinage me poursuit, peut-être me hante… Sur la rive opposée,

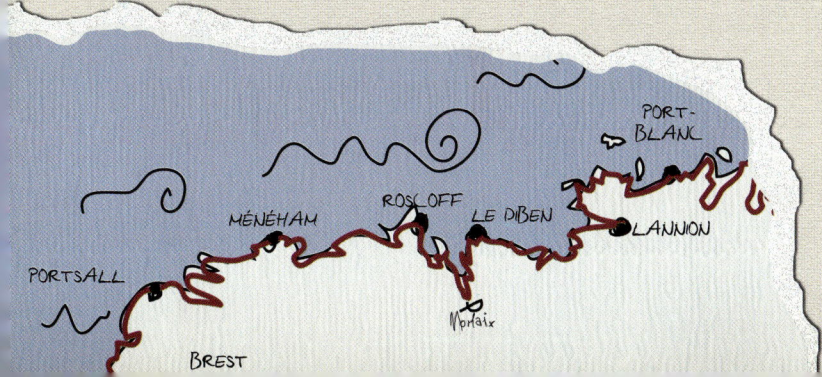

le château de Kérouzéré, malgré son style moyenâgeux a été construit à l'époque de la Ligue. Je guette chaque fenêtre dans l'espoir de voir surgir une Cendrillon, maîtresse des lieux, qui m'inviterait à venir prendre un café chaud et me ferait oublier la tourmente qui sévit dehors. Point de Cendrillon ni de Dulcinée, je poursuis, la mort dans l'âme. Pas un chat non plus dans les rues du petit port de Moguériec. L'unique bistrot est fermé. La route côtière jusqu'à Pors-Guen vire au cauchemar. Les plages désertes, les dunes et les récifs sont balayés par des coups de vent glacés. J'appuie comme un dément sur mes pédales, utilise le petit braquet réservé d'ordinaire aux cols, j'atteins ainsi la vitesse moyenne de dix à l'heure. Je ne suis pas au bout de mes peines. Pour arriver où, au fait ? Et pour quoi faire par un temps pareil ? Ce genre de ruminations mène généralement au désastre ou à l'abandon. J'arrête mes simagrées. Le temps est pourri partout en France d'après les journaux. Alors autant continuer ici, puisque j'y suis. La visite de l'allée couverte de Guinivrit, près de Plouescat, me distrait et me repose. Étrangement, ce monument funéraire, érigé à l'époque néolithique, se dresse en plein sur l'estran. Seule explication plausible, il y a cinq mille ans, le niveau de la mer était plus bas qu'aujourd'hui, et l'allée couverte devait se trouver au milieu des terres.

Après Plouescat, la côte change de physionomie. Les dunes de Keremma bordent la baie de Goulven et hébergent une grande variété d'oiseaux marins et migrateurs. La grève est hérissée de blocs rocheux qui atteignent des tailles colossales. Leurs formes leur valent des surnoms, à l'instar de « la Cathédrale » dont la silhouette est tout à fait évocatrice. Goulven marque l'entrée dans le pays Pagan, le pays des pilleurs d'épave selon les mauvaises langues. Ce confins des terres était si pauvre autrefois que les habitants n'hésitaient pas à allumer des feux la nuit sur les grèves ou à accrocher des fanaux aux cornes des vaches afin d'induire en erreur les capitaines de navire. Les bateaux se brisaient sur les récifs, les populations n'avaient plus qu'à récolter le butin sur les plages en se prévalant du droit de naufrage. Colbert mis fin à cette pratique par une loi, l'Église veilla à sa bonne exécution.

Cette seconde partie d'étape a pour moi plus que jamais un goût de madeleine. De l'âge de 10 ans à ma vie adulte, j'ai passé tous les mois de juillet à Brignogan. À l'adolescence, le pays Pagan est devenu mon terrain de jeux préféré, mon lieu d'évasion. Après trois décennies, rien ou presque n'a changé. Peu de constructions nouvelles, toujours cette sensation d'être loin de l'agitation et de l'industrialisation, avec la mer et la terre qui se mêlent étrangement. Ici, les champs d'échalotes ou de choux-fleurs arrivent au ras des flots. Les chaos rocheux présents sur les grèves se retrouvent également au milieu des parcelles cultivées, dans les jardins ou servent de pignon aux anciennes longères. Goulven, Plounéour-Trez, puis Brignogan par les plages de Kérurus et du Lividic. Je pourrais rouler sur ces routes les yeux fermés, tant je les connais, tant il m'est arrivé de les parcourir au retour d'un *fest-noz* dans des états d'ébriété avancée.

Par bonheur je redécouvre ces décors familiers alors que le temps s'améliore avec un joli ciel de traîne

Allée couverte de Guénivrit

qui laisse percer le soleil. Je me rassasie du paysage, respire de grandes bolées d'air. Grâce à la prise de conscience écologique de ces dernières années, le cadre naturel est mieux préservé que par le passé. Dans les années 1970, les automobilistes se garaient sur les dunes, les ados à mobylette s'y exerçaient au moto-cross, les campeurs s'installaient n'importe comment et jetaient leurs détritus n'importe où. La côte reculait à vue d'œil, les dunes étaient chauves et laides. Aujourd'hui, la végétation regagne du terrain, les oyats redonnent un petit air naturel et sauvage au rivage. La baie de Brignogan est toujours protégée du large par une ceinture de rochers aux formes étranges : les Crapauds en gardent jalousement l'entrée, secondés par la roche Tremblante et la Bouée rouge. Brignogan est une station à la bonne franquette, même si une poignée de villas se dressent sur la plage du Petit Nice avec des airs bon chic bon genre. Le Club nautique, construit dans les années 1970, a toujours l'allure d'un blockhaus inachevé. Qu'importe, je m'y suis beaucoup amusé, et il suffit de contempler la flottille de dériveurs et de catamarans alignés sur le sable pour comprendre que ces voiliers feront la joie des mômes et des ados en vacances d'ici quelques jours. À la supérette, j'ai cru reconnaître une tête familière. Près de la chapelle Pol, une femme vêtue d'un Barbour, bien en chair pour ne pas dire corpulente, descend d'une limousine. En observant son visage, je me souviens que nous avions eu un flirt aussi torride que bref, il y a trente-trois ans ! Je file le nez dans le guidon.

Ici, je me permets de suivre les chemins que ma carte oublie de mentionner, car j'avance en territoire connu. Voici le phare de Pontusval. Je ne sais plus si sa silhouette m'est familière parce qu'elle se rattache à des souvenirs personnels ou parce que son image a fait la couverture de nombreux magazines, guides et beaux livres consacrés à la Bretagne.

À présent, la lumière argentée illumine la côte déchiquetée et projette

Fête des Goémoniers à Plounéour-Trez

Rochers du Crapaud à Brignogan-Plages

ses rais de brillance dans les touffes d'oyats, tout ébouriffées par le vent qui souffle en rafales. Au large, l'écume des lames scintille et déferle sur les écueils, face aux rochers de l'île de Kerlouan qui tels des fantassins se dressent en rang serré. J'avance sur le sable, profitant de la marée basse et pousse mon vélo jusqu'à Ménéham. Encore une célébrité bretonne, on a vu partout la photographie de ce gros rocher qui enchâsse la maison des Douaniers. Je grimpe au sommet du bloc de granit. De là-haut, la vue embrasse toute la côte de l'île de Batz jusqu'au phare de l'île Vierge.

Pas étonnant que les envoyés de Louis XIV aient élu ce lieu pour établir un poste de guet. Au pied du molosse s'étend le hameau de Ménéham – au total une demi-douzaine de chaumières qui menaçaient de tomber en ruine il n'y a pas longtemps. Après divers projets farfelus, le corps de ferme principal est devenu une auberge. On y trouve également un gîte d'étape pour les randonneurs du GR 34. Avec mon vélo, je peux me prévaloir de ce statut de nomade. Un Écossais est déjà installé dans la chambrée. La soixantaine, il a la carrure de John Wayne, des yeux bleus qui

Le menhir de Brignogan

Maison de garde-côte à Ménéham

Rochers à Pontusval

PHARE ET ROCHERS DE PONTUSVAL

« ...la lumière argentée illumine la côte déchiquetée et projette ses rais de brillance dans les touffes d'oyats...»

ont dû faire chavirer bien des femmes, pas une once de graisse sur le ventre. Il déambule à travers le dortoir, pieds et torse nus, juste en kilt. Son accent anglais est très prononcé, je dois lui faire répéter chacune de ses phrases, et encore je réponds au hasard, car je ne suis pas sûr de comprendre. Je prends ma douche, puis nous nous retrouvons devant l'auberge, à l'abri du vent. Il a pris soin d'emporter deux verres et une bouteille de Glengoyne. Ce whisky single malt provient d'une distillerie située en bordure de la West Highland Way, un itinéraire de randonnée fameux en Écosse qui relie Glasgow à Fort William et que j'ai emprunté il y a quelques années. La discussion s'engage naturellement sur le thème de la marche. Veuf et tout juste à la retraite, Rob a débarqué en France par Cherbourg. Il a commencé à marcher un jour par hasard le long de la mer, puis, il a décidé de poursuivre vers l'ouest. Il est sous le charme de la Bretagne, mais ne sait pas où continuer ensuite. Il dispose d'un temps non compté et l'argent ne semble pas lui poser de problème non plus. Je lui suggère de descendre vers le sud, la côte basque, les Asturies, la Galice... Compostelle, bien sûr, par la côte ! L'idée l'enchante.

Nous passons à table, Rob semble intrigué, puis horrifié lorsque je lui explique que nous mangeons des saucisses aux algues grillées sur un feu de tourbe. Ma traduction approximative y est certainement pour quelque chose.

Kerlouan : plage de Saint-Egarec

La Côte des Légendes
De Ménéham à Portsall

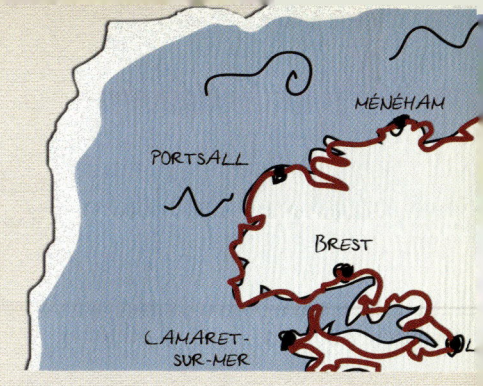

A ROUTE REPREND SA COURSE VERS L'OUEST, jalonnée d'un côté de plages désertes, de l'autre par une campagne plate, intensément cultivée d'échalotes et de choux-fleurs. Pas âme qui vive, à l'exception d'une paire de chevaux postiers bretons paissant dans une prairie. Saint-Egarec, Karrec-Hir ou encore la pointe d'Enez Amann ar Rouz, autant de lieux qui sonnent comme des bouts du monde. Ici, on sent que la nature tolère à peine la présence de l'homme. Les maisons sont modestes, pas seulement parce que leurs occupants ne roulent pas sur l'or, mais parce que toute marque d'ostentation serait une injure à la pureté du décor ambiant. C'est marée basse. Garés sur les grèves immenses, d'insolites tracteurs révèlent la présence des goémoniers qui ramassent le varech rejeté sur le sable lors des dernières tempêtes. Cette récolte sur l'estran à basse mer ne se voit qu'ici, sur la Côte des Légendes. Partout ailleurs, les algues se ramassent au large, au moyen d'embarcations munies d'un étrange instrument, le scoubidou. L'outil fait songer à une pince à sucre géante qui plonge dans la mer, emprisonne entre ses bras de grandes bottes de laminaires, puis les arrache tout en les faisant tournoyer à la manière des Italiens qui font tournicoter leurs spaghettis autour d'une fourchette.

Je tournicote également. Ce sera mon lot toute la journée. À vol de mouettes, l'estuaire de l'Aber-Benoît est à une portée de fusil, mais je vais devoir tourner, contourner tout au long du parcours, cela pour mon plus grand plaisir. Je quitte le territoire de la Côte des Légendes pour celui de la Côte des Abers.

Lors d'une pause café au bourg de Guissény, j'apprends que c'est jour de *kig ha fars* au restaurant ouvrier de Saint-Frégant. Impossible de manquer un événement pareil, même si c'est au prix d'un crochet. Rob débarque à son tour dans le bistrot, je lui fais part de la nouvelle. Il se montre peu enthousiaste au départ, mais lorsque je lui annonce que le *kig ha fars*, c'est le *haggis* écossais en bien meilleur, le voilà piqué au vif, il veut tester. Le charcutier ambulant embarque Rob dans sa camionnette, je grimpe à vélo jusqu'à Saint-Frégant. Devant le resto, tous les ouvriers des chantiers alentour se sont donnés rendez-vous à midi tapante, précédés par des bataillons du troisième âge encore plus ponctuels, quand il est question de ripailler. Personne ne voudrait louper le *kig ha fars* du jeudi ! Pour définir ce plat roboratif à souhait, disons que le *kig ha fars*, littéralement la viande et le far, réunit dans l'assiette : les légumes d'un pot au feu, du lard, du jarret de porc, et surtout de la semoule de sarrasin qui, enfermée dans un sac, a cuit dans le bouillon durant environ trois heures. C'est succulent, atrocement indigeste, surtout lorsque vient le moment d'enfourcher à nouveau la bicyclette. De son côté, Rob est comblé, tant par le *kig ha fars* que par le *gwinn ru* (vin rouge) qui l'accompagnait.

Une bouteille de rouge ne lui a pas suffi ! Il est mûr pour une sieste. Nous nous saluons, et je file.

Les abers ou rias sont des estuaires dans lesquels la mer s'engouffre durant le flux pour remonter jusqu'à plusieurs kilomètres à l'intérieur des terres. La côte s'en trouve très biscornue. Les tours et détours ont débuté pour moi dès la baie de Guissény, ils se poursuivent avec celle de Curnic. Partout des vasières, des herbus, des marais et des ruisseaux, autant de paradis pour le gibier d'eau et pour les oiseaux de mer. Dans l'étang de Curnic, canards et bernacles se comptent par centaines. Pour gagner Plouguerneau, il me faut prendre de la hauteur. Ces derniers jours, j'évoluais la plupart du temps en terrain plat : gravir la falaise du Vougo me demande un effort quasi surhumain. D'autant que vent et crachin se mettent de la partie pour me faire face, et que le *kig ha fars* me pèse sur l'estomac. Sur le port du Koréjou et sur les landes aux abords de Plouguerneau, les randonneurs sont bottés, casqués, parés à affronter les éléments. La plupart sont des seniors « actifs », circulant en camping-car. Les parkings regorgent de ces engins aux lignes disgracieuses que doivent maudire depuis le paradis des designers un Sergio Pininfarina ou un Raymond Loewy. Ma critique ne vaut que pour les véhicules. À force de sillonner les routes en toutes saisons, je croise sans cesse ces anciens casaniers qui durant des décennies durent se soumettre au métro-boulot-dodo avant de devenir nomades. Par leur courage, leur désir de voyager et d'en découvrir avec la vie, ces seniors retraités m'épatent. L'écrivain voyageur Bernard Ollivier a titré son dernier livre, *La vie commence à 60 ans*. Pour preuve, lui a profité de la retraite pour arpenter à pied les dix mille kilomètres de la route de la Soie !

Alors que la petite route contourne un camping, j'avise un panneau indiquant la direction d'Iliz-Koz, la vieille église de Trémanac'h, le village englouti. Depuis le Moyen Âge, à côté de la grève Blanche, se dressaient le bourg et l'église de Trémanac'h qui étaient souvent dévastés par les tempêtes. En 1729, lors d'un ouragan plus violent que les précédents, la population se réfugia vers l'intérieur des terres. Le village abandonné disparut avec le temps sous le sable. Les ruines ne furent découvertes par hasard que vers 1960. Il court également une légende à propos de ce village englouti selon laquelle des jeunes du coin qui s'ennuyaient ferme apportèrent au curé un chat noir emmailloté comme un bébé afin de le faire baptiser. Le curé, bien qu'aveugle, entendit le chat miauler juste après lui avoir donné le sacrement. Fou de rage, il jeta l'anathème sur Trémanac'h et son église qui furent ensevelis la nuit même par une tempête d'apocalypse. À n'en pas douter, le mystère entourant la cité d'Ys a enflammé les imaginations et inspiré bien des conteurs bretons !

Le lendemain matin, je poursuis mon exploration à tâtons, je vois tout juste assez pour lire les panneaux routiers. Pour contempler le paysage, il faudra que je revienne une autre fois. La partie haute du phare de l'île Vierge disparaît dans la brume – ainsi l'amer paraît encore plus colossal. J'ai déjà ressenti cela face à un bâtiment s'élevant très haut derrière une étendue d'eau. La construction perd toute référence d'échelle, car sa verticalité s'impose sans autre possibilité de comparaison. Cela est aussi vrai quand on contemple une ligne de gratte-ciel dans une ville maritime, je pense à Manhattan ou à Hong Kong.

Les viviers de Prat-Ar-Coum installés sur la rive droite de l'Aber-Wrac'h et leurs assiettées d'huîtres sont une aubaine pour mon

Plouguerneau : Port du Korégou

L'Aber-Wrac'h

Anse de Guisseny

moral en berne. Une soupe chaude aurait sans doute été préférable, car je suis trempé de la tête aux pieds. Une famille anglaise se rue sur les crustacés et noie sa tristesse dans le muscadet. Au village de l'Aber-Wrac'h, les stagiaires de l'UCPA et les voileux sont réunis dans les deux trois bars du port afin d'entériner le célèbre dicton des marins bretons : « Horizon pas net, reste à la buvette. » Du coup, en commandant un café crème à la patronne, je passe pour un original !

Le ciel bas et la pluie m'enlèvent toute envie de faire des photos, j'observe le paysage différemment. C'est curieux de détailler un décor en cherchant toujours à l'emprisonner dans un cadrage ; pour un photographe, cette manière de voir devient un tic, une obsession. Il y a quelques années ce temps maussade m'aurait rendu grincheux, et encore le mot est faible. Aujourd'hui, malgré le désagrément d'être trempé comme une soupe, je prends plaisir à scruter ces paysages de collines, de bras de mer, de pointes et de caps imprégnés par la brume. Ces décors perdent de leur réalité, je les regarde comme on observe des peintures dans une galerie. Ainsi, je passe de la ria de l'Aber-Wrac'h aux dunes de Sainte-Marguerite exposées face au large, puis vient la rive nord de l'aber Benoît, tout cela défile devant mes yeux, je ne me dirige pas consciemment, mais juste en me fiant à mon instinct.

Aujourd'hui, pas question de chercher un camping et de monter la tente. Sitôt arrivé à Portsall, j'oblique vers le port. Sur le quai, avec vue imprenable sur le large, le gîte d'étape me tend les bras. Il semble avoir été aménagé dans un ancien abri de marin. La pluie peut bien ruisseler sur les vitres, je suis au sec dans mon duvet. En passant un coup de fil chez moi, j'apprends que la situation météorologique ne vaut pas mieux dans le Sud, elle est carrément catastrophique en Espagne. Alors, vive la Bretagne !

Portsall : ancre de l'Amoco Cadiz

Chevaux sur les landes de Portsall

La mer d'Iroise
De Portsall à Brest

 IRACLE DE LA NUIT, ce matin c'est ciel de traîne, la dépression est passée. Avant de prendre la route, je fais un tour jusqu'au bout du quai, là où repose comme ultime témoin du drame, l'ancre titanesque de l'*Amoco Cadiz*. Sans cette catastrophe, Portsall serait sans doute resté dans l'anonymat et n'aurait pas eu le triste privilège de faire la une des journaux au printemps 1978. Le 16 mars de cette année-là, l'*Amoco Cadiz*, un supertanker de trois cent trente mètres de long, s'échouait sur les écueils de Men Goulven, à deux kilomètres au large, suite à une avarie de gouvernail. Les deux cent trente-deux mille tonnes de pétrole brut iranien transportées souillèrent quatre cents kilomètres de côtes bretonnes. Faute d'expérience, lors cette première grande marée noire de l'Histoire, gouvernement et autorités locales mirent en œuvre des moyens techniques insuffisants ou inadaptés, malgré toute la bonne volonté des intervenants et surtout des bénévoles. Pour les oiseaux marins, pour la faune et flore sous-marine, ce fut un désastre majeur. Heureusement que la Nature recèle sa part de génie : dans les années qui suivirent, l'action combinée des vagues et des bactéries acheva le grand nettoyage. En apparence, plages et rochers ont repris leur aspect originel, malgré les marées noires ultérieures et des dégazages sauvages constants.

Dès la sortie de Portsall, la route en corniche longe une côte solitaire où l'on ne croise que des familles de chevaux postiers bretons. Crinière au vent, les poulains s'ébattent dans la lande ou bien se roulent dans l'herbe détrempée. La mer, parsemée de milliers d'écueils et parcourue de courants violents, prend ici un aspect tout à fait hostile. La pointe de Landunvez marque l'entrée du chenal du Four en mer d'Iroise. Les marins redoutent la navigation dans ces parages. La pointe extrême de la Bretagne a presque aussi mauvaise réputation que les abords de la Terre de Feu et du cap Horn. La chapelle Saint-Samson et le primitif calvaire qui la jouxte se dressent face au large. Il y avait autrefois un grand menhir qui possédait le pouvoir de guérir les rhumatismes, mais il a disparu, sans doute emporté par une tempête plus violente que les autres. Encore un grand mystère breton !

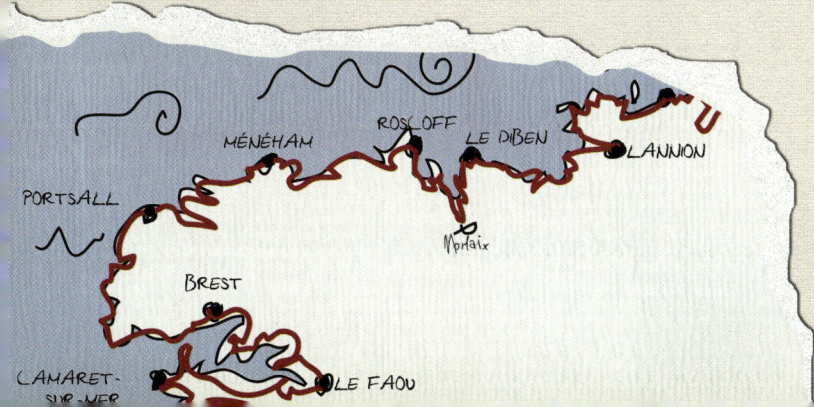

La chapelle Saint-Samson

LA CÔTE PRÈS DE LA POINTE DU CORSEN

Le vent a tourné au nord nord-est, il me pousse. La lumière est superbe. Après la journée calamiteuse d'hier, c'est un plaisir inouï de retrouver la route et la bicyclette. Je m'arrête dix fois, cent fois pour admirer la côte et les îlots, le phare du Four au large, les voiliers qui filent plein sud, vent arrière et courant au cul, affichant probablement leurs dix ou douze nœuds au loch. Les noms s'égrènent, autant de petits ports, plutôt de simples abris : Argenton, Porspoder, Melon et enfin Lanildut. Ce havre marque aussi l'entrée de la dernière ria et la plus humble de par sa taille, l'aber Ildut. Les bateaux au mouillage dans le port comptent autant de navires de plaisance que d'embarcations de pêche, les fameux scoubidous. Pas étonnant, Lanildut s'est spécialisé dans l'exploitation des laminaires qui sont ensuite traitées dans des usines de la région à des fins cosmétiques ou alimentaires.

La ria m'oblige une nouvelle fois à faire une incursion à l'intérieur des terres. Je suis toujours surpris de retrouver si près du rivage une vraie vie agricole avec des champs et des fermes. Je rejoins Lampaul-Plouarzel par de toutes petites routes et des chemins de tracteurs. Avant mon voyage, j'avais vaguement établi mon itinéraire à partir de cartes IGN. Sur place, je réajuste, je vais parfois au plus court et d'autres fois je choisis les chemins détournés, buissonniers, parce que le coin me plaît et m'incite à musarder.

La pointe de Corsen est bien connue des plaisanciers et des marins en raison du CROSS, le Centre régional d'opérations de surveillance et de sauvetage en mer, dont les bâtiments se dressent à deux pas du rivage. La pointe de Corsen marque également la ligne de partage entre la Manche et l'océan Atlantique.

La faim me tenaille, les barres de céréales ingurgitées n'y font rien, je pédale jusqu'au bord de l'épuisement pour atteindre Le Conquet. Le gérant de la supérette est sur le point de fermer boutique lorsque j'arrive, mais en voyant ma mine défaite, il m'entrouvre son magasin. Quelques minutes plus tard, je suis sur le port près de l'embarcadère pour l'île d'Ouessant, je me jette sur les victuailles. Les goélands paraissent très intéressés, mais ils peuvent toujours courir.

Des touristes sur le quai affichent la même convoitise devant les pêcheurs fraîchement arrivés, déchargeant les caisses de poissons ou d'araignées. Les plus téméraires des consommateurs engagent d'âpres tractations avec les producteurs. Affaires conclues, ils repartent avec un crabe ou des poissons qu'ils empoignent par une patte ou par la queue. Le Conquet, malgré sa situation aux confins des terres, demeure un lieu de passages et d'échanges. Tout au long de l'année, la vedette *Enez Eussa* qui assure les liaisons avec Molène et Ouessant rythme les jours en créant une effervescence passagère.

Quatre kilomètres suffisent pour rallier la pointe Saint-Mathieu. Joli parcours pour une balade digestive. La pointe domine la mer d'Iroise d'une belle hauteur de falaise. La vue s'ouvre au large sur un chapelet d'îles : Beniguet, Quéménès et Molène – Ouessant est trop loin, mais elle se devine. À l'opposé, se dresse la presqu'île de Crozon. Il suffit de repérer les Tas de Pois, aisément identifiables devant la pointe de Penhir, on situe ensuite le port de Camaret, puis soudain une large portion du Finistère se dresse *de visu* devant nous. Le paysage est grandiose, l'histoire de la pointe Saint-Mathieu l'est aussi. Elle se déroule sur près de quinze siècles... et découle comme souvent en Bretagne d'une légende. Le monastère édifié au VIe siècle aurait abrité une fabuleuse relique, la tête de saint Matthieu l'évangéliste, dérobée en Égypte par des marins bretons. Les ruines que nous voyons aujourd'hui donnent une petite idée de l'importante abbaye qui se dressait sur le site au Moyen Âge. La pointe Saint-Mathieu était un but de pèlerinage renommé et un jalon incontournable sur l'itinéraire européen des pè-

Le port du Conquet

lerins qui se rendaient d'un lieu saint à un autre. Aujourd'hui, la pointe est un point de départ très emblématique pour certains marcheurs se rendant à Compostelle en Galice. Le parcours dessine un arc parfait en longeant les côtes du golfe de Gascogne. Tout un programme.

Il me reste une trentaine de kilomètres pour atteindre Brest. Pour la première fois depuis mon départ du Mont-Saint-Michel, je mets le cap vers l'est. La plage du Trez-Hir affiche un cadre plus apaisé, moins sauvage. Les villas, les résidences et les clubs de vacances ont poussé comme des champignons. L'anse est fermée au sud par une falaise d'allure austère. À une encablure de là, le fort de Bertheaume coiffe un îlot rocheux encore plus sinistre. Il me donne envie de fredonner « le Pénitencier », c'est Alcatraz tout craché ! Cette place stratégique gouverne depuis des siècles l'entrée du Goulet et l'accès au port de Brest. Plus loin, le phare du Petit Minou surveille la portion la plus étroite du Goulet. Combien de fois cet amer a servi de premier plan aux cameramen de télévision filmant une arrivée de Tabarly, Kersauson ou Mac Arthur, un rassemblement de grands voiliers ou une sortie en mer du *Belem*. La présence militaire se fait plus pressante encore à l'approche de Brest, même si les décors maritimes demeurent sublimes.

J'aborde la ville par le quartier de Recouvrance. Autrefois, c'était un lieu mal famé, habité par des femmes de mauvaise vie et truffé de caboulots à marin. Enfin, c'est ce que racontait ma grand-mère. Brest était sa ville natale, ma mémé y retrouvait ses propres madeleines. Quand j'étais môme, il était impossible d'envisager un séjour en Bretagne sans consacrer une journée de pèlerinage à Brest. Le quartier Saint-Martin avec l'église où elle avait fait sa communion, la place Guérin où juste avant-guerre (la Première) elle tenait un kiosque à journaux : tout cela n'avait pas de secret pour moi. Brest, ville militaire et stratégique fut presque entièrement détruite durant la Seconde Guerre mondiale. À l'exception de ce quartier Saint-Martin et de quelques îlots assez circonscrits, toute la ville dut être reconstruite, les rues parfois rebaptisées. Durant mes virées brestoises avec ma mémé, je visitais une ville qui ne correspondait pas à celle que j'avais sous les yeux. Pour ma grand-mère, la rue Jean-Jaurès était toujours la rue Paris, et ainsi de suite.

Bien plus tard, quand je revins seul et qu'il m'arrivait de demander un renseignement à un passant, j'avais toujours la géographie de l'ancien Brest dans ma tête – ceci au plus grand étonnement de mes interlocuteurs qui devaient penser qu'ils avaient devant eux un revenant.

La réceptionniste de l'hôtel, rue de Siam, est prise de panique lorsque je lui demande où je pourrais entreposer mon vélo pour la nuit. Il existe bien un parking automobile dans l'hôtel, mais y stationner mon engin lui paraît impensable à moins qu'elle n'obtienne l'accord de sa direction. Après hésitation, la fille aussi rougissante qu'effarouchée me suggère d'emporter mon vélo dans ma chambre au troisième étage. L'ascenseur étant minuscule, je me vois contraint de grimper par l'escalier, la bicyclette sur l'épaule. Et moi de lui lancer : « Encore heureux que je ne voyage pas à cheval ! » Son air ahuri indique clairement qu'elle n'a pas compris qu'il s'agissait d'une plaisanterie.

Après cet incident, douché et vêtu de propre, je pars réviser mes classiques en arpentant les rues brestoises. Ces renvois au passé m'agacent et rapidement je modifie l'itinéraire, je brouille les pistes, je découvre des rues et des lieux inconnus. Brest m'apparaît aussitôt comme une ville plutôt jeune, dynamique, voire branchée. Je termine par le port de commerce. Il y a là quelques bars et restaurants sans prétention. Les gens établissent facilement des contacts, les rapports sont directs.

Demain sera une étape de transition, je vais passer de la Bretagne nord à la Cornouaille que je connais beaucoup moins bien. Terminées les madeleines, je redeviens un simple voyageur explorant des territoires au passé vierge.

L'ombre du phare… à la pointe Saint-Mathieu

« Les goélands paraissent très intéressés, mais ils peuvent toujours courir. »

Phare de Saint-Mathieu

Abbaye et phare de la pointe Saint-Mathieu

Brest...

Ria dans la presqu'île de Plougastel

La mer d'Iroise
De Brest au Faou

REST, SEPT HEURES DU MATIN ; j'ai quitté l'hôtel en catimini, sur la pointe des pieds, mon vélo à l'épaule. Les rues sont désertes, tout est fermé. Je rencontre un peu plus d'animation au port de commerce, il y a même un bistrot ouvert, juste en face de l'embarcadère pour les îles de Molène et Ouessant. Un petit crème sur le port à Brest même... et, en route !

Le temps, pour ne pas changer, est maussade, la lumière est carrément grisâtre. Sous cet éclairage, le port de commerce est aussi plaisant qu'un matin blême dans un roman de Série Noire. Je pédale en évitant les rails qui pourraient m'être fatals. Aux abords de la marina du Moulin Blanc, les voileux s'affairent avant de prendre la mer. Enfin, voici le pont Albert-Louppe. Son petit frère plus moderne lui a ravi le trafic routier. Désormais, l'ancien ouvrage est destiné aux plaisirs des baladeurs du dimanche, aux piétons, aux rollers et aux cyclistes. Je jette un dernier coup d'œil à la rade de Brest. En contrebas sur la rive, les pêcheurs taquinent le poisson entre deux rasades de *gwinn ru*. L'un d'eux dresse la tête, je lui réponds par un signe, avant de filer vers Plougastel et sa presqu'île. En cours de périple, on se trouve parfois confronté à des situations tout à fait paradoxales. On voyage le plus souvent afin de se sentir en phase avec le temps qui s'écoule, et puis soudain surgit un décor ou un monument tellement connu et vu en photo que l'on se dit simplement : « Tiens le voilà ! », comme s'il s'agissait d'une vieille connaissance. Je ressens cela en m'arrêtant devant le calvaire de Plougastel. Je lui avais dédié une petite visite, il y a au moins vingt ans. Je le retrouve tel que je l'avais laissé. En somme, il n'a pas pris une ride, je ne peux pas en dire autant. Avant que ce constat ne me déprime, j'achète une livre de fraises, autre célébrité de Plougastel, puis je file.

D'emblée, la presqu'île Plougastel est un monde à part dans le Finistère. Pas de décor à couper le souffle, pas d'arrogants enclos paroissiaux, ni de ports folkloriques emplis de chalutiers aux couleurs chatoyantes. La nature est comme un cocon, elle englobe tout. Dans les hameaux, les habitations et les modestes chapelles disparaissent sous les branches de pins ou se dissimulent derrière les buissons d'hortensias et de fuchsias. Les li-

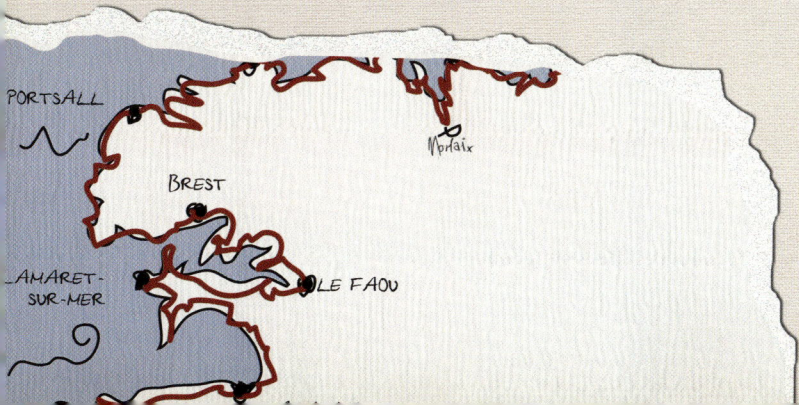

chens s'accrochent aux vieux murs pour masquer la pierre, les mousses et les algues vertes tapissent le fond des vallons et des ruisseaux. Parfois une antique croix se dresse dans la pénombre d'un sous-bois. Ce matin, la brume imprègne ces décors en leur conférant une atmosphère tout aquatique. Au bord du rivage, je n'ai plus le loisir d'observer la ligne d'horizon – la vue bute sur une avancée de terre toute proche, sur un îlot, au plus loin sur la rade de Brest. J'aime cette randonnée très paisible après les journées de tumulte, l'accumulation de paysages tourmentés et de mers menaçantes.

Je remonte vers le village de Daoulas. Le jardin des plantes médicinales de la vieille abbaye médiévale m'attire. Je m'y perds avec délices. À l'instar des cloîtres qui figurent le paradis, l'ordonnancement de ces carrés de plantations m'évoque un jardin d'Éden – pour une fois, de quoi me faire préférer le ciel plutôt que le purgatoire ou l'enfer. Soudain, une belle et jeune Anglaise, accompagnée de ses parents, engoncée dans un jean très moulant, capte mon attention. Tout compte fait, la damnation éternelle me conviendrait mieux. Le vice a toujours plus de saveur que la vertu !

Je me suis rassasié d'assez de beauté pour la journée. Je savoure les paysages jusqu'au Faou avec plus de sérénité, tel un drogué qui a reçu sa dose quotidienne. Du village du Faou émane une étrange atmosphère comme si l'on plongeait dans le monde suranné d'une gravure ancienne. Tout est si vieux et hors du temps. Au fond de la ria, le petit port alangui – trois bateaux sont échoués ou s'alignent dans le fil du courant selon la marée. Ces embarcations ont oublié l'appel du large depuis des lustres. L'église Saint-Sauveur domine et complète l'ensemble avec son porche gardé par des apôtres en bois sculpté, mangé par les termites. Le décor dégage un charme nostalgique qui inspira bien des peintres, parmi lesquels Eugène Boudin. La rue principale est jalonnée de demeures à encorbellement remontant parfois au XVIe siècle. Les façades caparaçonnées d'ardoises pourraient suggérer un climat rude. Il n'en est rien ; ici, tout est douceur, même si le village est adossé aux monts d'Arrée. Le camping du Faou longe la rivière, à deux pas de l'église. Dès mon arrivée, les canards se montrent très culottés, mais, plutôt que de les chasser je fais l'inventaire des quignons de pain égarés dans ma sacoche et je les leur distribue. Erreur fatale, leurs copains rappliquent. Bientôt une armée de canards braillards m'assiège. Je saute en l'air en aboyant, ils déguerpissent en vitesse... mais la gérante du camping semble s'inquiéter de ma santé mentale. Lorsque je lui explique que je fais fuir pareillement les chiens agressifs en miaulant, elle est à deux doigts d'appeler l'hôpital psychiatrique. Je reviens à des questions plus concrètes en l'interrogeant à propos du *fest-noz* annoncé pour le soir même. La voici rassurée sur ma santé mentale, et de m'énumérer : « Il y aura du cochon de lait, des saucisses et du far, le tout pour dix euros ! » Quelle faoulie au Faou !

CALVAIRE DE PLOUGASTEL

« Parfois une antique croix se dresse dans la pénombre d'un sous-bois. »

Jardin de l'abbaye de Daoulas

DIVINITÉ CELTE DANS LE JARDIN DE L'ABBAYE DE DAOULAS

CROIX PRIMITIVE DANS UN SOUS-BOIS

La presqu'île de Crozon
Du Faou à Camaret

A D 791, DU FAOU À LANDÉVENNEC, est une route touristique, très prisée aussi par les familles lors des balades digestives dominicales. Pour l'heure, c'est un délice de calme et de volupté, je roule seul au monde. À l'approche de l'Aulne, je sens l'humidité s'intensifier. Je suis recouvert de rosée et frigorifié lorsque j'enjambe la rivière sur le pont de Térénez. L'autre rive m'invite à plonger au cœur d'une forêt féerique. À chaque virage, je m'attends à croiser la fée Morgane. La chapelle du Folgoat héberge peut-être Merlin l'Enchanteur, à moins qu'un monstre ne surgisse de la brume au voisinage de l'étang ? Mon imagination galope, mais une montée assez raide me ramène à la réalité. Je grimpe en danseuse – rien de mieux que l'effort pour retrouver le concret et se réchauffer.

Plus loin, la route en corniche surplombe l'Aulne. La courbe d'un méandre sert de cimetière à des navires de guerre. Après deux semaines de périple face au spectacle de la mer, j'ai à présent la sensation de visiter les coulisses du théâtre.

Je marque un arrêt dans l'abbaye nouvelle de Landévennec, qui appartient à l'ordre des bénédictins. Les bâtiments qui furent inaugurés en 1958 ne présentent aucun intérêt architectural. En revanche, c'est un cadre idyllique pour une retraite d'ordre spirituel. Je reste un moment dans l'église où le silence absolu devient vite assourdissant. J'ai déjà connu cet étrange phénomène dans l'abbatiale de Roncevaux ou dans la chapelle du Cebreiro en Galice, en marchant vers Compostelle.

Tout près de là, je découvre le village de Landévennec et surtout les ruines de l'ancienne abbaye. Celle-ci fut fondée en 485 par saint Guénolé et ses compagnons venus du pays de Galles. Le monastère suivait la règle des Scots, dans la tradition du christianisme celtique. Les moines étaient vêtus d'une tunique de couleur blanche et d'une coule en grosse étoffe de laine. La règle impliquait obéissance, pauvreté et chasteté. Soutenue par le roi Gradlon, qui serait inhumé dans l'église, Landévennec devint une référence pour les institutions monastiques en Bretagne. L'abbaye adopta la règle bénédictine en 818 avant de subir des dommages lors des invasions normandes, puis le pillage par les Vikings en 913. Au milieu du XIe siè-

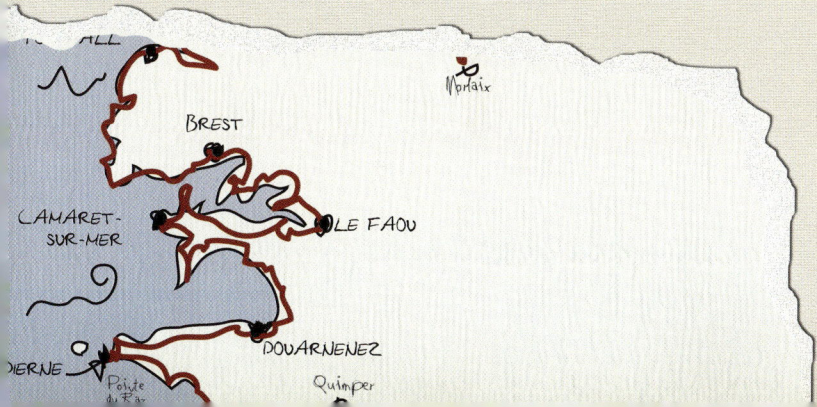

cle, la communauté monastique reprit possession des lieux et s'attela à la construction de l'église abbatiale romane. Landévennec put enfin prospérer jusqu'à la Révolution, qui causa sa perte définitive. Mon arrivée matinale m'offre le privilège de parcourir seul le champ de ruines. Les plantes tropicales ajoutent à la poésie du site.

Je m'enfonce dans la presqu'île de Crozon, l'une des trois avancées de la pointe de Bretagne. Filer à nouveau cap à l'ouest me redonne du baume au cœur. Dès la sortie de Landévennec, la route s'élève, le décor s'ouvre. À droite, mon regard plonge sur la rade de Brest avec le Léon en arrière-fond. Terre et eau s'imbriquent totalement, la rade s'apparente à une mer intérieure. La route est jalonnée de fermes et de prairies. Les paysages me font songer à l'Irlande. Et pourtant, le caractère paisible de ces décors situés aux confins des terres et de la France n'est qu'apparence, il recèle également de lourds secrets. Peu avant Lanvéoc, la route est coupée par une piste de décollage de l'aéronavale. Le feu rouge dressé au milieu de la nature a pour fonction de livrer le passage aux avions de chasse, si besoin est ! Plus loin, je découvre l'anse du Fret fermée à l'ouest par la presqu'île de l'île Longue. Tout un programme (nucléaire) ! À portée de fusil de cette lourde menace, le petit port du Fret affiche une sereine tranquillité. Les pêcheurs à la ligne surveillent leur canne, tandis que les rares touristes bayent aux corneilles au bout du quai ou assis aux terrasses des bistrots.

En cheminant vers la pointe des Espagnols, je découvre l'autre versant de l'île Longue. Des installations militaires attirent mon regard, mais de si loin on ne distingue rien, on devine simplement le poids du secret. Ma curiosité est semblable à celle qui me poussait à scruter la côte albanaise, du temps où ce pays des Balkans était totalement coupé du monde et que le ferry frôlait son rivage en quittant l'île de Corfou avant de traverser l'Adriatique en direction de Brindisi. C'est justement lorsque n'y a rien à voir que le mystère s'épaissit et que naissent les rumeurs les plus folles. L'allusion au roi Gradlon à Landévennec, puis les chimères concernant le feu nucléaire m'ont enflammé l'imagination. Du coup, l'îlot de Trébéron et l'île des Morts qui surgissent de la mer à mi-distance de l'île Longue et de Roscanvel me semblent tout droit sortis d'une épopée celte. Ma déception est grande en apprenant que Trébéron était un lieu de quarantaine réservé aux marins de retour des tropiques souffrant des fièvres, et que l'île des Morts servait de lieu de sépulture à ceux qui succombaient à leur maladie.

À la pointe des Espagnols, je découvre l'envers d'un décor déjà connu : le Goulet et le port de Brest, et face à moi la pointe du Petit Minou avec son phare. Tant de kilomètres parcourus pour si peu, quel luxe !

Penché sur ma carte, je réalise que la presqu'île de Crozon a la forme d'une croix ou d'une hermine stylisée, cet emblème héraldique qui compose le drapeau breton avec les rayures du *gwenn ha du*. J'achève de parcourir le bras nord avec un passage obligé par la pointe des Capucins. Les abords immédiats et la falaise sont truffés de fortins, des systèmes défensifs imaginés par Vauban. Une minuscule grève de galets au fond d'une cuvette donne sur une faille dominée par des murailles naturelles où nichent des myriades d'oiseaux de mer. L'ouverture entre les roches laisse deviner dans le lointain le port de Camaret et les Tas de Pois. Les falaises font caisse de résonance, le ressac est assourdissant. Le site doit être dantesque les jours de tempête.

Voici le port de Camaret, connu pour son célèbre curé aux gonades qui pendouillent ! (Si je m'en réfère aux paroles de la chanson.) En examinant ma carte générale de la Bretagne, je suis à mi-parcours de mon périple. Sitôt arrivé, je m'accorde une petite pause à la terrasse d'un bistrot du port. Tout de suite, le décor et l'atmosphère me plaisent. Le camping n'est pas mal non plus, je vais m'octroyer deux journées de récupération, comme on dit dans le jargon du Tour de France.

La tour Vauban, la chapelle de Notre-Dame-de-Rocamadour, le cimetière des bateaux de pêche, voilà de quoi mettre en verve les peintres du dimanche et les photographes. Archi touristique, trop pittoresque, voire ringard disent les esprits chagrins. Peu m'importe, après huit cents kilomètres à vélo, je savoure l'atmosphère de Camaret. Je reviens maintes fois sur le sillon du port, à toute heure du jour, sous diverses lumières pour mitrailler les chalutiers ruinés, échoués sur les galets ou dans la vase. Au crayon, à l'aquarelle, au fusain, ça travaille dur et dans toutes les langues. Beaucoup d'Anglais, comme toujours, identifiables à leur thermos de thé, posée sur le sol à côté du tabouret pliant.

ABBAYE DE LANDÉVENNEC

Durant ces deux journées de « récup », je bouge malgré tout un peu. À rythme détendu, j'explore en détail la pointe du Toulinguet, celle des Tas de Pois. Le baromètre affiche une arrogante tendance anticyclonique avec ciel bleu et douceur de l'air. Chaque plage, quasi déserte, est prétexte à baignade. L'océan est toujours aussi glacial, mais tonique pour le mental. Séchage au soleil, puis casse-croûte, la vie est dure !
J'inventorie l'étang de Kerloc'h, peuplé de canards sauvages, la pointe de Dinan et pousse jusqu'au cap de la Chèvre, couvert de landes et brise lame naturel de la baie de Douarnenez.

De retour à Camaret, je retrouve les terrasses du port où je m'assois pour coucher quelques notes. J'ai choisi un bistrot face au port de plaisance, les voileux en escale sont rarement calmes. Le deuxième soir, la tablée voisine est occupée par un équipage d'Anglais. La Britt, une bière du Finistère, est prétexte à commentaires, une discussion s'engage. Les tournées s'enchaînent, les tables se couvrent de bocks vides. Après la énième pinte, l'équipage de Falmouth m'invite à bord de leur Westerly de trente-trois pieds, à charge pour moi de préparer une *« real Italian sauce »* pour les spaghettis. Tous les ingrédients nécessaires sont disposés à côté du réchaud, je n'ai plus qu'à mettre en œuvre mon savoir-faire. Je balise un peu, ma *« French cooking reputation »* est en jeu. Une demi-heure plus tard, nous nous attablons dans le carré. Éclairage au pétrole, rideaux à fleurs, babioles en cuivre accrochées aux cloisons, la décoration est kitsch mais *so cosy*, ce voilier est anglais jusqu'au plus petit détail. L'ambiance conviviale était déjà chaleureuse au moment de grimper à bord, les rasades de côtes-du-rhône puisées au cubitainer font encore grimper la température. La soirée se termine en chansons.

LE PORT DU FRET

« Terre et eau s'imbriquent totalement, la rade s'apparente à une mer intérieure. »

Le port du Fret

Orage sur le port du Fret

Camaret : cimetière de bateaux

Pointe du Diable près de Camaret

Camaret : chapelle de Rocamadour et tour Vauban

Les Tas de Pois à la pointe de Pen-Hir

La Cornouaille
De Camaret à Douarnenez

L'escale à Camaret s'achève. Nouveau départ, cette fois pour la Bretagne sud. Je mets le cap sur la baie de Douarnenez. À la mi-juin, il règne comme un parfum de pré-vacances sur la plage de Morgat, où moniteurs de club et maîtres nageurs s'affairent au montage des portiques et toboggans. Dans une dizaine de jours, l'année scolaire se terminera et les petits monstres vont débarquer. Je profite du calme avant la tempête pour savourer le charme de la station. Il n'y a pas foule non plus du côté de la pointe du Menhir, à part quelques joggers. Je m'octroie une courte balade sous les pins. Ici, la côte est très abrupte, les falaises tombent à pic dans la mer, les entailles les plus profondes prennent des allures de gouffres.

Dès la sortie de Crozon, la route traverse un paysage superbe mais vallonné, assez éprouvant pour les mollets. Aux abords de la plage de l'Aber, les montées s'enchaînent aussi courtes que pentues. Les pauses photos me servent de prétexte pour reprendre souffle. Le petit bourg de Telgruc se situe à l'altitude mirifique de cent mètres ! À la fontaine Saint-Divy, je remplis mes gourdes d'une eau fraîche ayant déjà la saveur des sources de montagnes. Telgruc est dominé par la silhouette arrondie du Ménez-Hom, dôme sacré pour les Celtes, culminant à trois cent trente mètres ! Une longue descente me conduit à l'anse de Trez-Bellec. Cette belle plage inaugure une succession de grèves séparées les unes des autres par des avancées rocheuses criblées de failles et de grottes marines. Ces vastes étendues de sable descendent en pente très douce et miroitent de mille et une flaques d'eau à marée basse. Elles constituent un terrain de jeu idéal pour les chars à voile.

À l'heure du pique-nique, je fais une pause à Pentrez-Plage. C'est marée basse. Je me déchausse avant de courir sur l'estran à la rencontre du flux montant. Avec mes orteils, je m'amuse à fourrager le sol. Les tellines, sortes de petites palourdes, émergent du sable. Je croyais pourtant avoir laissé mes madeleines derrière moi, en Bretagne nord. Soudain, les revoici. Dans mes souvenirs, j'avais oublié Pentrez. Il est vrai que cette petite station me renvoie à de très lointains souvenirs. Et pourtant, deux choses me revien-

Les Tas de Pois vus de la pointe de Dinan

nent en mémoire : les tellines que ma grand-mère préparait à la poêle avec de l'ail et du persil, et aussi les pommés de la pâtisserie Didailler – une pâte feuilletée dégoulinante de beurre et de compote de pommes, presque une vraie madeleine ! Hélas, la boutique a aujourd'hui disparu. À défaut de pommé, je sacrifie au rite des tellines. En moins de dix minutes, j'en ramasse une généreuse poignée. Deux minutes plus tard, les coquillages chauffent et s'ouvrent dans la gamelle. En mangeant, je redécouvre leur petit goût salé et les craquements caractéristiques du sable sous les dents. Ma dînette réveille des plaisirs oubliés.

Je repars en accomplissant les quatre lieues le long de la grève. Une route a été construite et quelques habitations ont poussé le long du rivage. Autrefois, ce parcours s'effectuait sur la plage. Beaucoup d'automobilistes se prenaient alors pour Fangio, au grand dam des familles qui craignaient le pire pour leurs enfants.

J'abandonne le sable au profit des collines verdoyantes. La lumière est polarisée, le vert très intense, un peu comme en Irlande du côté du Connemara. La ferveur religieuse est semblable des deux côtés de la mer. Ici, la chapelle Sainte-Anne-la-Palud semble aujourd'hui bien isolée et perdue au milieu de la lande. Le lieu ne s'anime qu'une fois par an lors du pardon, au mois d'août : procession, bannières au vent, costumes traditionnels et bombardes. Passer par Locronan m'oblige à faire un léger détour, mais comment oublier cette petite « cité de caractère », comme la nomment les brochures touristiques. Le bourg forme un ensemble Renaissance d'une unité parfaite, un vrai décor de cinéma ! D'ailleurs beaucoup de films ont été tournés ici.

La fin de l'étape jusqu'à Douarnenez s'accomplit tout en descente. D'emblée, on perçoit que la ville a souffert d'une économie vacillante ces dernières décennies. Aux abords du port, il ne reste plus que deux ou trois conserveries de sardines. Les autres usines sont devenues des friches industrielles. Malgré cela, Douarnenez n'affiche pas une mine déprimée. La ville semble au contraire renaître sous une forme encore imprécise. Le port fluvial abrite un musée, les façades sont décapées, les volets dégoulinent de couleurs. Aux terrasses des bistrots, les consommateurs ont l'air plutôt jeune, parfois bohème, mais pas encore bobo. La vie s'écoule sous les incessantes envolées de mouettes poussant des cris déchirants. Bref, Douarnenez renaît, je parie même qu'elle deviendra d'ici peu un petit port branché. Pour le moment, pas de chichis, ni de snobinards, la Britt pression est à prix doux comme le tourteau mayonnaise.

LA POINTE DE DINAN

« Les pauses photos me servent de prétexte pour reprendre souffle. »

La route vers Telgruc-sur-Mer

Pentrez-Plage

Douarnenez...

La Cornouaille
De Douarnenez à Audierne

'ÉTAPE DU JOUR N'EST PAS ANODINE puisqu'elle va me faire dépasser le troisième Pen Ar Bed majeur du Finistère, la pointe du Raz. Jusqu'à la pointe du Van, la route file plein ouest à bonne distance de la côte. Je multiplie les crochets qui souvent se terminent en culs-de-sac en bordure de falaises sauvages vers la pointe du Millier ou dans la réserve du cap Sizun. Mon passage à la mi-juin correspondrait à la période la plus favorable pour observer les oiseaux de mer. Hélas, je reste sur ma faim. Vues de loin, et malgré les jumelles, les petites taches blanches blotties dans les anfractuosités des rochers ne m'apparaissent guère différentes des vulgaires mouettes. Et pourtant, le gardien de la réserve, étudiant en ornithologie, s'évertue à m'énumérer des espèces plus ou moins rares. Les seuls animaux que je me sens capable d'identifier parfaitement sont les moutons noirs qui paissent sur la lande. J'ignore si on peut parler de pré-salé, mais sans nul doute leur viande doit être parfumée. En plus de la vue sur mer apportant son cocktail d'embruns, ces ovins s'offrent un menu gastronomique composé de fleurs d'ajoncs, de bruyères et de roses sauvages : un vrai bouquet garni !

La pointe du Van est moins célèbre que sa voisine la pointe du Raz. Pourtant, sa position géographique permet de mieux contempler la Chaussée et l'île de Sein depuis les falaises se dressant aux alentours de la chapelle Saint-They. J'aborde à pleine vitesse et cheveux au vent la baie des Trépassés. Des nageurs intrépides bravent les rouleaux. La mer semble glaciale. Quant au lieu, aussi mythique soit-il, je trouve qu'il ne m'incite guère à la baignade. Mon sang breton me signale par des intersignes qu'il ne fait pas bon errer dans le coin : l'Ankou rôde certainement dans les parages... Beaucoup de légendes courent à propos de ce lieu du bout du monde. On raconte que les dépouilles des druides étaient embarquées dans cette anse pour être acheminées sur des barques jusqu'à l'île de Sein où les corps étaient ensevelis. On prétend aussi, mais l'allusion est moins onirique, que le nom de « Trépassés » ferait référence aux corps des naufragés échoués sur le sable par les marées. La caractéristique maléfique du lieu n'enlève rien à sa beauté. La sauvagerie de l'océan d'un côté contraste avec le paisible

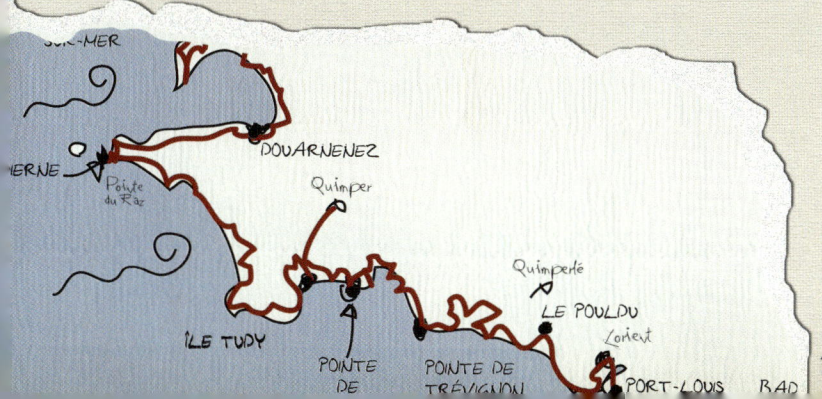

étang de Loual de l'autre. À deux pas de là, la pointe du Raz, c'est un peu Disneyland ! Le site est calme en ce mois de juin, il n'est pas encore pris d'assaut par les cohortes estivales. Tous les véhicules motorisés et même les vélos doivent être parqués à plus d'un kilomètre de la pointe. Cela oblige une petite mise en jambes à travers la lande qui entretient le suspense : la pointe du Raz et le Raz de Sein se méritent. Le beau temps est au rendez-vous, les voiliers dévalent le courant toute toile dessus, en rasant Tévennec, puis le phare de la Vieille. L'île de Sein apparaît en ombre chinoise, si près de l'horizon qu'elle semble surgir des ondes. Ce lieu mille fois vu en photo conserve toute sa magie. L'aquatique et le minéral mènent un combat singulier pour occuper l'espace. Le mouvement contre l'inertie, cette proue de roches s'avançant dans une mer souvent déchaînée compose un tableau qui pourrait symboliser les principes du Yin et du Yang. Parfois, les oiseaux de mer me distraient de ma réflexion par leurs jeux et par leurs luttes sans merci, car chez eux non plus, ça ne plaisante pas. Après de longs moments de contemplation, j'ai fini par m'arracher à ce spectacle.

La route désormais n'ira plus vers l'ouest, mieux vaut raison garder. Rouler vers l'occident me donnait le sentiment de courir vers la liberté et l'infini. À présent, j'ai la sensation de tendre vers le raisonnable et l'étriqué. Je me console en songeant à l'estuaire de la Loire et à Nantes, encore bien lointains. La Bretagne, comparée au reste de la France, conserve sa part d'irrationnel et sa rudesse qui conviennent parfaitement à tous ceux qui redoutent les carcans. Ici, la pensée cartésienne et la philosophie des Lumières ont eu peu d'emprise. Cette région entretient le mystère, comme l'Australie le temps des rêves... Et les Bretons assoiffés de liberté se sont évadés vers les contrées lointaines, chez les soi-disant sauvages.

Je traverse Plogoff. Le paisible village connut des heures plus agitées lorsque ses habitants manifestaient leur colère au point de faire céder l'État : contrairement à ce qui était prévu, il n'y eut jamais de centrale nucléaire à Plogoff ! Sitôt dépassée l'anse du Loc'h, je quitte la départementale un peu trop civilisée à mon goût au profit de petites vicinales qui me permettent de découvrir l'église et l'habitat splendide de Saint-Tugen, au milieu d'une campagne où se mêlent l'air marin et les senteurs de bouse. Je retrouve la mer à Sainte-Evette, petite station balnéaire avec son phare d'opérette. Je tourne le dos au large afin de m'enfoncer dans l'estuaire du Goyen. Les viviers les plus importants de France annoncent le port d'Audierne où les marins d'autrefois s'étaient spécialisés

« ...la pointe du Raz et le Raz de Sein se méritent. »

La chapelle Saint-They à la pointe du Van

LE RAZ DE SEIN

LA POINTE DU R

dans la pêche au homard. L'espèce se faisant rare, les pêcheurs se sont reconvertis dans la langoustine. Mon arrivée à Audierne coïncide avec le retour des bateaux. Les bacs d'araignées, les cageots de poissons et de langoustines envahissent le quai, attirant les badauds. Les négociations sont animées et vont bon train. Effervescence semblable dans les ruelles du centre-ville et aux terrasses des cafés. En revanche, un calme olympien règne près du cimetière de bateaux dans une anse du Goyen. Les choses à l'abandon m'ont toujours fasciné, usines en friche, casses de voitures ou les carcasses de bateaux. Je suis sensible à la décrépitude des matériaux, car c'est toujours le signe d'une renaissance.

Le pays bigouden
D'Audierne à l'île Tudy

Port du Loc'h

e matin, l'étape démarre sous de mauvais augures jusqu'au bourg de Plouhinec, car je dois emprunter une route passante au milieu de décors quelconques. Les automobilistes paraissent excédés, sans doute des habitants d'Audierne allant travailler à Quimper. À Plouhinec, je leur fausse compagnie pour retrouver les chemins buissonniers qui vont m'acheminer vers le sud à travers le pays bigouden. Le paysage maritime a changé du tout au tout depuis hier. À présent, le trait de côte se perd en une ligne continue qui tend vers l'infini. En fait, le littoral décrit un arc presque parfait jusqu'à la pointe de Penmarc'h. En avant du cordon dunaire, les rochers semblables à des bataillons de fantassins dressent leurs pointes acérées vers le large pour servir de boucliers naturels. Sur terre,

Audierne

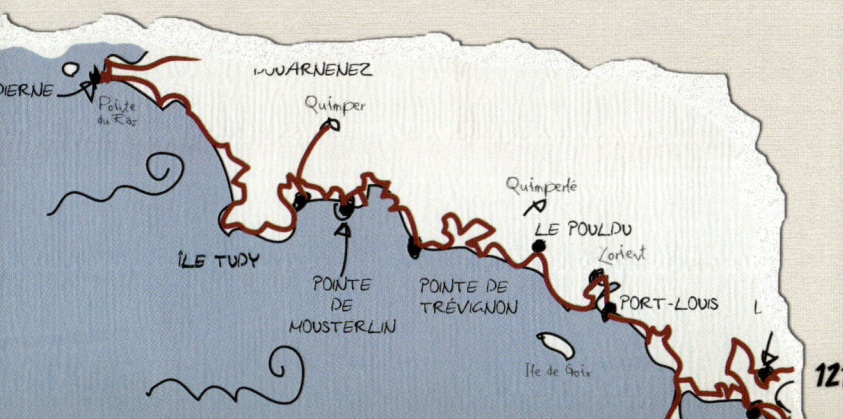

les maisons usent de la même stratégie en s'alignant en rangs serrés afin de faire front aux intempéries. Comme sur la Côte des Légendes, l'habitat est modeste, humble, face a une nature pleine de violence. Ici, la vie autrefois était rude. C'est ainsi que l'a décrite l'écrivain Pierre Jakez Hélias dans son *Cheval d'orgueil*, un best-seller des années 1970. Au prix d'un léger détour, je passe par son village natal, Plozévet. L'ensemble paroissial est attachant avec son église gothique, sa fontaine sacrée et la présence plus étrange d'un menhir. Je prolonge mon incursion à travers les terres jusqu'à Pouldreuzic, la capitale du pâté Hénaff. Je devais bien un petit pèlerinage à cette autre célébrité du pays bigouden. Ce pâté appartient désormais à l'inconscient collectif breton, d'autant que l'on ne saurait envisager une sortie en mer sans embarquer quelques boîtes conformément à la réclame bien connue : « Hénaff, le pâté du mataf ! » Retour sur la baie d'Audierne. Le port lilliputien de Penhors constitue le dernier abri possible avant les douze kilomètres de plage ininterrompue jusqu'à la pointe de la Torche. La chapelle Notre-Dame-de-Penhors, à l'écart de tout, désertée par les fidèles, sauf une fois par an à l'occasion du pardon en septembre, s'accroche désespérément à la dune pelée que balayent les vents d'ouest et les embruns. À partir d'ici, la côte est restée totalement sauvage, immense plage de sable et cordon de galets gris qui protègent la terre des assauts de l'océan. Aucune route ne suit le rivage, je dois m'enfoncer de quelques encablures à l'intérieur des terres, parmi des marais et des étangs. Mon parcours est jalonné de belles chapelles et d'églises – ruinée comme à Languidou, rustique et sobre comme à Saint-Vio, exubérante et riche comme Notre-Dame-de-Tronoën. On désigne parfois cette dernière sous le vocable de « cathédrale des dunes ». Son calvaire, le plus ancien de Bretagne, est très érodé par l'air marin, il comprend une centaine de personnages. Les stigmates laissés par les saisons le rendent encore plus troublant.

Autre atmosphère à la pointe de la Torche. Dans les parkings, les combi VW sont légions et émettent « à donf » des musiques que je trouve indigestes. Côté mer, les véliplanchistes, les surfeurs et les kitesurfeurs s'adonnent à leur passion sur les ondes marines. Côté plage, les admiratrices tout en blondeur contemplent les exploits de leurs dieux des flots, patientent sagement durant des heures avant de pouvoir sauter au cou de leur héros arrivant du front (de mer). Habitant la côte basque, je connais par cœur ce décorum bon enfant, digne d'un feuilleton de série Z.

Les badauds sont d'un âge bien plus avancé à Saint-Guénolé et à Penmarc'h. Sur le port de Saint-Guénolé, les seniors camping-caristes se massent sur les quais, à l'affût des bonnes affaires. Des touristes consciencieux rendent visite à Notre-Dame-de-la-Joie qui se dresse face au large. À Penmarc'h, au pied du phare d'Eckmühl, les groupes du troisième âge débarquent par cars entiers et discutent les prix des napperons auprès de vieilles dentellières bigoudens. Le phare domine le sémaphore, l'église Saint-Pierre, et la côte truffée d'écueils et de récifs. Le nom d'Eckmühl semble tout à fait exotique pour la Bretagne – c'est en fait le patronyme d'un prince de Bavière qui par un legs contribua à l'érection du phare à la fin du XIXe siècle.

Je poursuis ma route avec l'aide du vent d'ouest qui me pousse vers Guilvinec, puis Lesconil, et enfin Loctudy. Tous ces ports de pêche, avec Saint-Guénolé, sont parmi les plus actifs de France. Les flottilles sont importantes avec quatre cents bateaux et plus de trente-deux mille tonnes de poissons et crustacés pêchés chaque année. Malgré ces chiffres, les pêcheurs du coin font souvent la une des journaux, car le métier est menacé par des lois et des directives qui les étranglent. Au Pays basque et un peu partout le long des côtes, la pêche se meurt, ici elle résiste.

Face au port de Loctudy, l'extrémité de l'île Tudy n'est distante que de quelques brasses. Pourtant, il va me falloir accomplir un long détour

La côte Bigoudène

Le port de Penhors en baie d'Audierne

par Pont-l'Abbé avant de l'atteindre. Dès que l'on quitte les façades côtières exposées aux colères de l'océan, la nature redevient plus exubérante, les jardins se parent de fleurs, les arbres et les bosquets n'hésitent plus à prendre de la hauteur, les habitations se parent de baies vitrées. Je marque un arrêt à Pont-l'Abbé à l'heure où les rayons du soleil viennent lécher les édifices d'une lumière oblique, douce et dorée, au point de rendre chatoyant la plus austère pierre de granit. Pont-l'Abbé possède une longue histoire qui se confond avec celle du pays bigouden dont elle est la capitale. La ville subit de plein fouet la répression royale, suite à la révolte des Bonnets rouges contre les nouvelles taxes imposées par Louis XIV en 1675. Le château, qui abrite aujourd'hui le Musée bigouden, fut pillé lors de ces événements. Les églises des alentours virent leurs flèches de clocher rasées, à l'instar de la chapelle Notre-Dame-de-Tréminou. D'autres subirent des mises à sac – un sort qui fut réservé à l'église de Lambour.

Les façades des vieilles demeures Renaissance se reflètent dans la rivière de Pont-l'Abbé. Je déambule le long du chemin de halage qui borde le port, où les bateaux au mouillage ne bougent pas d'un poil sur une eau à peine agitée par les jeux des canards. Quel calme ! Je resterais bien passer la nuit ici, hélas rien de disponible, je file. Une piste cyclable m'achemine sans encombre jusqu'à l'île Tudy. Pas de camping non plus ! Tant pis, je vais passer une nuit en sauvageon. Pour l'heure, je savoure une bière en terrasse, face à l'estuaire et au port de Loctudy. La lumière du soleil couchant embellit autant le paysage que les jolies femmes attablées à la terrasse du Winch bar. Calme et volupté… Je prolonge la soirée par un excellent dîner. Au final, j'enfourche mon vélo, puis dresse ma tente sur la première plage rencontrée. Je serai quitte pour lever le camp dès les premières lueurs du jour.

PORZ POULHAN

Église ruinée de Languidou

Plage de la Torche

Chapelle Saint-Vio

Marais de Saint-Vio

Fresque à Penmarc'h

Penmarc'h : le phare d'Eckmühl

128

Port du Guilvinec

Port de Loctudy

Pont-l'A

Port fluvial de Pont-l'Abbé

L'Île Tu

La Cornouaille (suite)
De l'île Tudy à la pointe de Mousterlin

EBOUT DÈS L'AUBE, à l'heure où blanchit la campagne, je pédale... Hormis parodier bêtement Victor Hugo, je démarre cette journée sans savoir comment l'organiser. Passer ou ne pas passer par Quimper ? Parvenu au carrefour où les chemins divergent, je tranche sans réfléchir : « Je passerai par Quimper. » Comment imaginer un tour de la Bretagne sans inclure la capitale de la Cornouaille, qui fut autrefois un port directement relié à l'Atlantique grâce à la rivière l'Odet ? L'itinéraire baptisé « la côte des châteaux » me conduit jusqu'aux portes de Quimper. Les paysages traversés me changent totalement de ceux que je fréquente depuis trois semaines. Le parcours est jalonné de forêts, de châteaux, de moulins et de manoirs. À mi-chemin, je descends observer l'Odet depuis la Cale de Rosulien. La route d'accès est ombragée par des arbres centenaires, tout est moussu, les lichens recouvrent les moindres pierres. À l'approche de la rivière, une forte odeur d'iode remplace les senteurs d'humus et de végétaux. Plus loin, à travers les feuillages, j'entrevois de nobles demeures et même des châteaux. Celui de Kerambleiz est plutôt imposant. J'emprunte le chemin de halage, très fréquenté par les joggers, les piétons et les cyclistes, il m'achemine jusqu'au centre de Quimper.

Kemper, le confluent en breton de l'Odet et du Steir, possède un centre-ville qui nous renvoie des siècles en arrière. Les ruelles piétonnes qui convergent vers le parvis de la cathédrale Saint-Corentin alignent des enfilades de hautes demeures en encorbellement. Après des années de balades sur les chemins de Compostelle, je reste très sensible au décor médiéval des villes. J'aime les noms de rues qui se rattachent aux vieux métiers et aux corporations. Ici, la rue Kéréon fait référence aux cordonniers, la rue du Sallé débouche sur une place où s'installaient les marchands de beurre, il y a aussi la rue des Boucheries. Le nez en l'air, je m'attache aux détails des façades – ici un monstre sculpté dans une poutre de bois, là une sainte ou un saint trônant dans une niche. Sans parler des architectures de guingois, des fenêtres à meneaux, des porches Renaissance, des façades habillées d'ardoise. Les fenêtres pas d'équerre, les façades aux airs penchés, les lignes imparfaites résultent-elles seulement du passage du temps ou bien

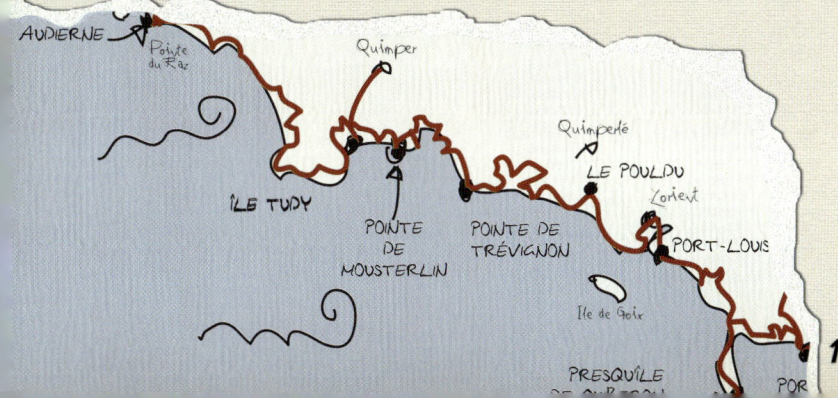

Sur la rive de l'Odet

Quimper

CATHÉDRALE DE QUIMPER

FESTIVAL DE CORNOUAILLE

sont-elles le fruit de l'imperfection des hommes ? Aucune tour de verre sortie des calculs d'un ordinateur ne possédera ce charme incomparable. Je retrouve cette même imprécision au sein de la cathédrale dont la nef est légèrement tordue – fantaisie des bâtisseurs ou contrainte technique liée à la configuration des lieux ?

Je repars de Quimper comme j'y suis venu. Tout autre itinéraire vers la côte m'obligerait à emprunter une voie express. Un pont me fait enjamber l'Odet, c'est déjà Bénodet. J'avais presque oublié le charme discret des stations balnéaires bourgeoises. Bénodet en conserve encore l'élégance, même si les constructions anarchiques de ces dernières décennies en ont un peu terni l'image. Je longe la corniche avec la sensation d'explorer une carte postale ou un décor figé dans le temps. Il y a le port sur l'Odet, animé par le va-et-vient des vedettes desservant l'archipel des Glénan et le manège des plaisanciers faisant des ronds dans l'eau. Face au large, le casino, puis les plages s'échelonnent jusqu'à la pointe Saint-Gilles. Je ne m'attarde à une terrasse que le temps de goûter un demi de Tri Martolod, la bière élaborée dans le coin.

Les façades maritimes trop civilisées m'ennuient, je file. À proximité de la pointe de Mousterlin, je découvre un camping assez basique, habité par des sauvageons vivant sous des toiles de tente, Allemands et Scandinaves en majorité. La plage de Kerler située à deux pas est sauvage elle aussi, le port du maillot de bain est d'ailleurs superflu. Il souffle une légère brise, la mer vert émeraude est fraîche, mais pas glacée. La baignade est un délice.

« ...tout est moussu, les lichens recouvrent les moindres pierres. »

Port de Sainte-Marine vu de Bénodet

La Cornouaille (suite)
De la pointe de Mousterlin au port de Trévignon

AVANT DE PRENDRE LA ROUTE, J'OBSERVE L'HORIZON depuis la pointe de Mousterlin. Vers l'ouest, la plage de Kerler dessine un arc parfait, elle est déserte à cette heure, l'eau cristalline serait bien tentante. Au loin, il y a la « mer Blanche », une lagune totalement sauvage. Sur ce territoire protégé, réservé aux oiseaux de mer, les humains sont à peine tolérés. En regardant vers le sud, l'archipel des Glénan semble posé sur la ligne d'horizon. Au premier plan, sur les rochers arrondis émergeant des flots, des colonies de cormorans s'ébrouent ou se réchauffent aux premiers rayons du soleil. Vers l'est s'étend une autre zone lagunaire et marécageuse qu'il va me falloir contourner pour atteindre Beg-Meil.

D'ordinaire, je ne conserve que des images des lieux où je passe, sans doute une déformation professionnelle de photographe. Pourtant, ce que je retiendrai de mon passage à Beg-Meil, c'est l'intense senteur des pins se mélangeant à celle des térébinthes. Comme toujours, je laisse mon vélo dans un café avant de partir marcher sur le sentier ombragé en contre-haut des plages. Derrière les frondaisons, j'aperçois les façades d'anciens hôtels datant de la Belle Époque. Sarah Bernardt et Marcel Proust ont logé derrière ces murs. Aujourd'hui, les palaces décadents ont été rénovés, puis reconvertis en résidences. Je pousse jusqu'au sémaphore et la pointe Beg Meil. De là, je découvre la baie de la Forêt en forme de fer à cheval, et juste en face, la ville de Concarneau.

Je repars vers l'intérieur des terres en direction de Fouesnant. Sur les routes très passantes, la présence de pistes cyclables se veut rassurante, je préfère néanmoins les vicinales polissonnes qui se tortillent, montent et descendent, surprennent l'usager à chaque instant. Je profite d'un carrefour pour abandonner la départementale et savourer à nouveau le calme. Je peux profiter de Cap-Coz, une plage ombragée, tournée vers les terres et très abritée. Ce visage de la Bretagne que je connaissais mal me change radicalement des paysages austères de la Côte des Légendes. L'anse de Pentoulic respire aussi la douceur. C'est basse mer, la grève est totalement asséchée, avec des îlots ici ou là, des herbues, des parcs et des exploitations ostréicoles,

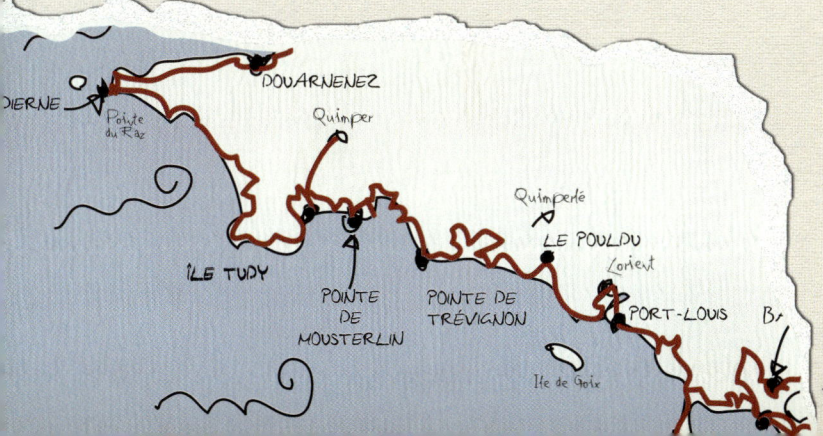

LES PINS DE BEG-MEIL

et partout des coques couchées sur la vase qui complètent l'image d'Épinal. Ce tableau annonce déjà le golfe du Morbihan.

La route devient étroite et plonge dans un vallon humide, envahi par les marais, assombri par de grands chênes. Des sentiers pédestres fuient sous les arbres dans la pénombre... Le Graal est peut-être à portée de main ?

Une côte me conduit au petit bourg de La Forêt-Fouesnant où s'élève l'église Notre-Dame-d'Izel-Vor, un enclos paroissial méconnu. Sous le porche, saint Roch et saint Mélar montent la garde. Ces statues de facture très ancienne ne sont guère flatteuses pour les saints qui ont l'air de simples d'esprit. En contrebas du bourg, le vieux port n'abrite qu'une poignée de barques de pêche. En revanche, juste en face, dans la marina de Port-la-Forêt, les mâts de voiliers se comptent par centaines. Je me fraye un chemin dans un dédale de zones techniques avant de retrouver la route de Concarneau. La ville s'annonce à l'avance par un interminable front de mer jalonné d'habitations très diverses. Des petites plages se succèdent, limitées par des récifs.

Concarneau est liée à la mer et possède une longue tradition tant maritime que militaire. Le petit îlot sur lequel s'élève la Ville close aujourd'hui servait déjà d'abri au Moyen Âge, dès qu'une menace d'invasion venue de la mer s'annonçait. Au fil des siècles, le système défensif fut renforcé. Les remparts actuels datent de Vauban. En parcourant la Ville close, il faut savoir lever les yeux et laisser travailler son imagination si l'on veut faire revivre le passé en oubliant les innombrables boutiques de babioles. L'architecture austère mais élégante comprend de nombreuses habitations à colombages. Du haut des remparts ou depuis la porte aux Vins, les différentes facettes maritimes de la ville se dévoilent : le port de plaisance, le port de pêche avec les chalutiers hauturiers, les quais ou encore, en arrière-fond, la criée entourée par d'immenses entrepôts frigorifiques. Concarneau est le troisième port de pêche français, le premier pour la pêche au thon. À l'intérieur de la Ville close, le Musée de la pêche raconte la longue histoire de cette noble activité. Ma dernière visite de Concarneau remonte à deux ans, c'était en hiver, mais sous un beau soleil, il y avait surtout beaucoup moins de touristes. Ici, la transhumance estivale a déjà démarré, j'enfourche mon vélo et file vers des lieux plus tranquilles.

Après quelques détours du côté de la pointe de Cabellou, où je me suis laissé tenter par un plongeon tant les plages étaient splendides et la mer attirante, j'ai renoué avec les petites routes et goûté au calme. Je suis arrivé assez tôt au port de Trévignon, où j'ai commencé à flâner. Le lieu m'a plu. Le petit port est protégé par un brise-lames que les pêcheurs à la ligne sont venus assiéger

PORT DE LA FORÊT-FOUESNANT

PORT DE LA FORÊT-FOUESNANT

PORT DE TREVIGNON

pour l'après-midi. Ça discute ferme, ça boit pas mal aussi, ça pêche éventuellement. À une encablure de là, un phare croquignolet, dressé sur un groupe de rochers que l'on atteint au prix d'une traversée périlleuse sur une digue étroite et mal pavée, surveille l'ensemble des activités. De l'autre côté, vers la pointe, s'élève une sorte de château protégé par un mur d'enceinte, une propriété privée. Autrefois, le site était occupé par un corps de garde qui avait une fonction stratégique. La pointe de Trévignon, située à mi-distance de Lorient et Concarneau, commandait l'accès à ces deux ports. Aujourd'hui, la vocation du lieu est bien plus pacifique. Je décide de passer la soirée ici. Quant à la nuit, je crois qu'elle se terminera par du camping sauvage. Dans l'unique bar brasserie, je sympathise avec un couple d'Anglais. Aux bières, succèdent les moules frites, puis encore des bières. Mes deux nouveaux amis de Liverpool voyagent dans une camionnette aménagée qui dépasse les trente ans d'âge !

Au final, je dresse ma tente en contrebas de la falaise, face à la mer. Le camping sauvage est vaguement interdit, rien ne le stipule clairement. De toute manière, depuis la route, personne ne peut me voir, ni la police, ni les visiteurs malvenus. Je dors comme un bébé, bercé par le bruit du ressac.

ÎLE DE RAGUÉNÈS

La Cornouaille (suite)
Du port de Trévignon au Pouldu

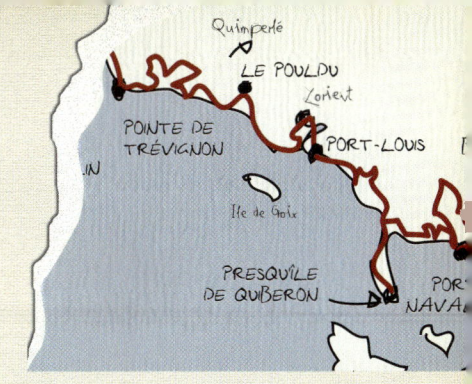

DÈS LE LEVER DU JOUR, bien avant l'apparition de la maréchaussée, je lève le camp. Ce départ matinal me vaut un grand spectacle. Le ciel est chargé, mais le soleil tente des percées entre les nuages, constellant la mer de taches de lumière qui tranchent avec les masses sombres des îles Verte et Raguenès.

Un peu en retrait dans les terres, le hameau de Kerascoët regroupe une quinzaine de chaumières. L'habitat est conforme aux constructions traditionnelles avec des toits de chaume et des murs épais en pierres debout, appelées en breton *mein zao*. La plupart des maisons ont été bâties au XVe siècle. Au XIXe, Kerascoët était un village de tisserands. L'anse de Rospico est un écrin de beauté dans un recoin de côte, j'en conserve l'image intacte tel un secret.

En revanche, Port-Manec'h est très connu, ce fut même un lieu de villégiature fameux au début du XXe siècle. De cette époque, la station conserve des cabines de bain repeintes en blanc chaque année, et aussi quantité de villas somptueuses ombragées par de grands pins. Dans les années 1930, le docteur A. Barnes, célèbre collectionneur américain, fréquentait Port-Manec'h. Sans doute tombé amoureux du lieu, il se fit construire dès son retour en Pennsylvanie une demeure qui s'inspirait des habitations bretonnes.

La petite route de Pont-Aven ne longe la rivière que de loin en loin. Les chaumières de Kerdruc, puis le moulin à marée au Hénan ont peut-être séduit les peintres de l'école de Pont-Aven. Au premier abord, la ville me déçoit, piège à touristes, galeries sans intérêt, tout cela me rappelle étrangement la butte Montmartre. Délesté de mon vélo, je consacre le reste de la matinée à la visite du musée, qui outre les collections permanentes de peintures, expose des photographies de Michel Thersiquel, disparu il y a peu. Ce photographe avait pour ami Xavier Grall, un journaliste poète écorché vif qui, par ses œuvres, avait le don d'exalter les adolescents que nous étions dans les années 1970. Tout cela m'éloigne un peu de Gauguin et des peintres du synthétisme. Après mon parcours au musée, j'explore sur le terrain. Je pousse jusqu'à la chapelle de Trémalo qui n'attire que les vrais curieux. De retour sur les bords de l'Aven, l'itinéraire X.-Grall le long de la rivière est envahi par des armées de touristes chinois. Je préfère quitter ce Disneyland.

Timing bien calculé et non prémédité, j'arrive au château du Belon à l'heure des douzaines d'huîtres, du pain beurre et du muscadet. Si ce menu s'avère trop léger pour mon activité sportive, il me suffira de piocher dans la boîte de Traou Mad, des galettes achetées à Pont-Aven.

La suite du parcours est assez accidentée : montées, descentes, culs-de-sac font partie du programme. Mais le jeu en vaut la chandelle. Quantité de petites rivières débouchent dans la mer, ce sont autant d'estuaires encaissés et de ports minuscules. Pour rien au monde, je ne voudrais rater un seul de ces havres. Brigneau, puis Merrien et Doëlan m'obligent à accomplir des détours. L'isolement contribue sans doute à préserver leur beauté. Ici, ni routes à grande circulation, ni constructions en surnombre, ni golfs, ni marinas. Je m'offre un crochet supplémentaire avant le Pouldu. Cette fois-ci, il est question de côte sauvage. Bien que le mot port apparaisse dans le nom, Pors Sac'h est une portion de côte rocheuse dotée de falaises abruptes, de failles dantesques dans lesquelles les oiseaux de mer s'ébattent en hurlant. Les rochers sont acérés, agressifs au toucher : qui s'y frotte s'y pique. La houle s'y fracasse. Il est aisé d'imaginer des navires brisés et des corps déchiquetés lorsque des naufrages survenaient par ici.

Le Pouldu offre une image plus avenante, mais aussi plus convenue de station familiale bien sage, à l'instar de l'ancien hôtel Ar Men où des générations de citadins ont dû venir prendre pension chaque été. L'hôtel Le Pouldu, toujours en activité, est situé sur le port en bordure de la rivière Laïta. Il faut assister un dimanche midi à l'abordage de son restaurant par des familles respectables et endimanchées, aussi friandes de gueuletons que de traditions immuables. Sur le quai, les visiteurs occasionnels ou les couples branchés se contentent de picorer, façon tapas, des assiettées de crevettes ou de bigorneaux.

« Pour rien au monde, je ne voudrais rater un seul de ces havres. »

ANSE DE ROSPICO

PORT MANEC'H

« Timing bien calculé et non prémédité, j'arrive au château du Belon à l'heure des douzaines d'huîtres, du pain beurre et du muscadet. »

PONT-AVEN : CHAPELLE DE TRÉMALO

MOULIN À PONT-AVEN

Château Belon

Port de Moëlan

La côte de Pors Sac'h

« ...failles dantesques dans lesquelles les oiseaux de mer s'ébattent en hurlant. Les rochers sont acérés, agressifs au toucher... »

Plage et calvaire du Pouldu

Le Morbihan
Du Pouldu à Port-Louis

 E DÉSIRAIS VOIR L'ÉVEIL de la nature sur les rives de la Laïta, alors je me suis levé avant l'aube et j'ai pris la route dans le jour naissant. Ainsi j'ai pu assister au réveil des canards à proximité du monastère cistercien ruiné de Saint-Maurice. Une légère brume stagnait au-dessus de l'étang. À l'orée de la forêt de Carnoët, les ruines de l'abbaye encore plongées dans l'obscurité étaient à peine visibles. J'ai sorti le réchaud, les céréales, puis j'ai déjeuné assis sur un banc face à la Laïta. J'aime l'indolence de cette rivière, je l'enjambe pour entrer dans le Morbihan. À partir de Guidel-Plages, la route doublée d'une piste cyclable longe des dunes à perte de vue. Ici ou là, se dressent des blockhaus, vestiges du mur de l'Atlantique, ou encore des forts plus anciens, à l'instar du fort de Kéragan, dit « Fort Bloqué », bâti sur un îlot en 1745. Il doit son surnom au fait qu'il n'est accessible qu'à marée basse ; à marée haute, ses occupants étaient prisonniers ou « bloqués ». Les forts du Loch, de Kéragan et du Talut ont tous été construits au milieu du XVIIIe siècle. Leur fonction était de protéger le port de Lorient, siège de la Compagnie des Indes. Les richesses rapportées des contrées lointaines méritaient bien ces systèmes défensifs. Larmor-Plage commande l'accès au port de Lorient face à la citadelle de Port-Louis. L'estuaire du Blavet est sillonné par quantité d'embarcations : navires de pêche, de commerce et de plaisance. Il y a aussi les ferries et les vedettes qui desservent les îles de Groix et Belle-Île, enfin les bateaux bus qui croisent en tous sens afin d'acheminer les Lorientais vers Locmiquelic et Port-Louis, ou vice-versa.

Après avoir gagné le centre de Lorient par des voies beaucoup trop express à mon goût, et salué au passage la future Cité de la voile Éric-Tabarly, j'embarque quai des Indes, non pas à destination de Madagascar ou de Pondichéry, mais de Port-Louis. Que la rade est belle et la traversée sereine, tandis que je reste appuyé contre le bastingage du bateau bus ! L'approche de la citadelle par voie de mer me transporte dans un passé empli de rêves, de senteurs et de panache. Nous croisons des voiliers sous génois ou spinnakers cinglant sous les murailles et les tours de guet, ils ont

déjà fière allure. J'imagine le faste d'un rassemblement de grands gréements, des trois et quatre mâts à voiles carrées au pied de cette cité fortifiée.

Avant d'entreprendre ce voyage, et dans l'impatience du départ, je me suis nourri de lectures retraçant l'histoire maritime de la Bretagne. Très schématiquement, Saint-Malo doit sa renommée aux corsaires, Brest à son arsenal et à sa marine, Nantes au sinistre commerce négrier et Lorient à la Compagnie des Indes.

À l'intérieur de la citadelle, un camping aux allures de camp retranché s'est invité au pied des murailles. En cherchant bien, je dégote deux mètres carrés, juste ce qu'il faut pour monter ma tente et déposer mon vélo. Je fuis aussitôt ce capharnaüm et file vers les anciens bastions qui abritent le musée de la Compagnie des Indes. Ce lieu intelligemment agencé m'apprend beaucoup sur l'histoire de la compagnie, mais aussi sur l'aménagement des navires, sur les modes de vie au XVIIIe siècle aux Indes et en Chine, sur la nature des denrées transportées et échangées. À l'heure du couchant, les derniers voiliers de retour de Groix, de Belle-Île ou de plus loin regagnent, toute toile dessus, Lorient, leur port d'attache. Je flemmarde sur la plage au pied des remparts après m'être baigné. L'agitation sur l'eau ne faiblit pas. À présent, les chalutiers prennent la direction du large pour une longue nuit de labeur. Dans la rade et sur les îles, les feux et les phares s'allument un à un. Il est temps pour moi de trouver un restaurant. Je déniche une gargote face au port de plaisance, pleine de voileux et de couples qui s'embrassent à pleine bouche entre chaque plat. J'ai l'air un peu bête, tout seul avec mon crabe, alors je prends le parti d'en sourire, seule attitude possible pour lever la gêne. Au moment de partir, mes voisins de table me saluent en me souhaitant bonne nuit... Bof, ma tente manque cruellement de chaleur humaine, ce soir.

Le long des rives de la Laïta

Lorient : cité de la voile Éric-Tabarly

Lorient : port de commerce

LORIENT : QUAI DES INDES

PORT-LOUIS : BEAUTÉS ALANGUIES…

Depuis les remparts de Port-Louis

La barre d'Étel

Le Morbihan
De Port-Louis à Quiberon

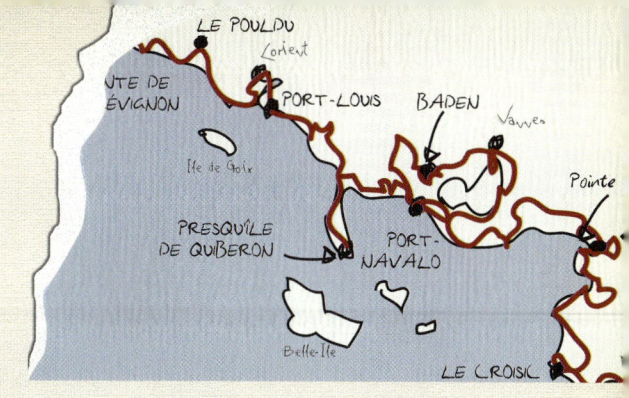

E MATIN, LA BRUME ENVELOPPE TOUT. De Port-Louis, j'embarque pour Gâvres. La traversée est courte mais surnaturelle, nous naviguons dans du coton. Les cornes de brume résonnent tous azimuts. Le village de Gâvres dort encore. Au comptoir du bistrot du port, je suis le seul à commander un café crème et une tartine, la norme ici, c'est demi pression ou blanc sec. À écouter ces piliers de bar, chacun d'eux ferait un excellent Premier ministre. Ces palabres avinées sont déprimantes de si bon matin ; j'avale ma collation et file. Hélas, les premiers kilomètres me font parcourir une zone militaire… cadre triste à mourir où il est défendu de s'arrêter. Il ne manquerait plus qu'une crevaison : je n'aimerais pas servir de cible !

La fraîcheur m'a donné des ailes, la barre d'Étel est devant moi, et toujours la brume qui ajoute de la féerie au décor. Cet estuaire est la bête noire des marins et plaisanciers. Le courant est puissant, les bancs de sable vicieux et la barre souvent infranchissable. Des rochers couverts d'algues vertes dessinent quelques taches de couleur dans le paysage vaporeux. J'entends distinctement filer le courant dans un bruit de glissement.

Sur l'autre rive, mais tournée vers l'intérieur des terres, l'île Cado bénéficie d'un franc soleil. À cet endroit, la rivière Étel dessine comme un golfe du Morbihan de taille réduite. L'île Cado est reliée à la terre ferme par une digue, elle abrite plusieurs habitations, une charmante chapelle et une fontaine surmontée d'une croix celte. L'île est superbe, mais beaucoup moins photographiée et populaire que l'îlot qui lui fait face. C'est un bout de terre de quelques mètres carrés sur lequel se dresse une petite maison à volets bleus. Magazines, cartes postales, set de table, on la voit partout.

J'emprunte la D 781, juste afin d'admirer les alignements de Kerzerho. À l'époque où fut tracée la départementale, les ingénieurs devaient se soucier de la Préhistoire comme de leur première chemise, car la route passe au beau milieu des alignements de menhirs. Hormis cette incongruité, le site reste bien plus sauvage que Carnac. Mille pierres levées se dressent parmi une végétation plus ou moins envahissante.

Avant de franchir l'isthme de Penthièvre, les chemins buissonniers me font découvrir le hameau de Sainte-Barbe. L'habitat traditionnel fort ancien a sans doute été témoin des combats de 1795 qui opposaient les émigrés royalistes et les Chouans commandés par Cadoudal aux armées révolutionnaires. « L'affaire de Quiberon » se termina dans un bain de sang avec neuf cents royalistes fusillés près d'Auray.

Il est temps de prendre le large. Une piste cyclable m'achemine par le fort de Penthièvre jusqu'à Portivy. Les habitations de pêcheurs bordent le quai du petit port. La plupart sont grandes comme des maisons de poupées, façades et volets fraîchement repeints, le tout bordé de massifs de roses trémières. C'est à partir d'ici que débute la route de corniche le long de la Côte Sauvage.

Trois heures sont tout juste suffisantes pour accomplir les dix kilomètres jusqu'à Quiberon. Il serait incongru de rouler la tête dans le guidon. À chaque virage, la côte change d'aspect et mérite un arrêt. Je laisse mon vélo bien attaché dans les parkings. Ainsi, je peux marcher l'esprit libre, explorer une anse, des falaises, observer des colonies d'oiseaux. Aujourd'hui la mer est calme, pas d'embruns, ni d'explosions d'écume. Même sans ces effets spéciaux, le spectacle est grandiose.

Le port de Quiberon est au bout du monde… à moins de s'embarquer pour Belle-Île. La gaieté des façades me surprend : volets de toutes les couleurs pour l'hôtel de l'Océan, dessins naïfs sur les murs de la conserverie La Quiberonnaise. À croire que Jacques Demy est passé par-là ! Quiberon a des faux airs de Rochefort. En revanche, côté hébergement, je déchante rapidement. Hôtels et camping sont pleins à craquer, il se fait tard. J'achète deux trois bricoles pour assurer le dîner et reprends la route. Aucune envie de rouler jusqu'à Carnac, j'emprunte à nouveau la route de corniche, tout en sachant qu'il n'y a aucun camping en chemin et qu'il faudra que je me montre très discret, si je me résous à camper en pleine nature. Ici des panneaux rappellent l'interdiction de cette pratique. Non loin de Portivy, des combi VW sont à l'arrêt, face à la mer. Stationnement à la limite de la légalité. Je monte ma tente un peu en retrait de façon à demeurer invisible depuis la route. Très vite, je sympathise avec un couple d'Allemands qui me propose de partager leur dîner, j'apporte mes vivres. Le jour décline tandis que nous échangeons des souvenirs de voyages. Le combi VW affiche une mine un peu décatie après son long périple à travers le Moyen-Orient et l'Iran. La nuit est calme et douce ; aucune visite inopinée des gendarmes.

L'ÎLE CADO

L'Île Cado

ALIGNEMENTS DE KERZERHO

La Côte Sauvage de Quiberon

Quiberon : Côte Sauvage

FAÇADES À QUIBERON

Le golfe du Morbihan
De Quiberon à Baden

Cimetière de bateaux au port du Pô

Marais à Carnac

A BAIE DE PLOUHARNEL donne la sensation d'être un territoire à l'abandon, n'appartenant ni à la terre ni à la mer, domaine des herbus et des parcs ostréicoles avec de rares maisons, ici ou là, usées par les saisons ou inhabitées. Je m'installe sur le port du Pô le temps de préparer le petit déjeuner, car je roule depuis la Côte Sauvage avec une barre de céréales dans l'estomac. Je crie famine ! Thé, flocons d'avoine et fromage arrivent à point. Le patron de l'exploitation ostréicole voisine me fait signe au moment où je remballe, l'allure long cours de mon vélo l'intrigue, ses questions fusent. C'est un fou de cyclotourisme qui roule en tandem avec sa femme. À peine le temps de lui répondre, je me retrouve devant une assiettée d'huîtres, du pain et du beurre. L'homme parle tout en cassant la croûte également, il ouvre ses huîtres au fur et à mesure. Entre-temps, sa femme arrive, la pause se prolonge, enfin je pars avec les encouragements d'usage. Tout près de là, le hameau de Saint-Colomban possède une église au clocher étrange et un solide habitat de granit.

Les plages de Carnac se succèdent, encore désertes. Le temps est plutôt maussade. Les plages bordées de villas cossues et mondaines cèdent la place à une zone de marais sauvage qui s'étale à la base de la presqu'île de Kerbihan. Je pousse jusqu'à la pointe occupée par une ancienne maison de garde-côte, devenue propriété privée.

La marina de La Trinité-sur-Mer est toujours en effervescence. À côté de la capitainerie, le premier ponton réunit les mastodontes de course : des trimarans de la dernière course du Rhum, des monocoques de soixante pieds ainsi que des voiliers plus anciens aux lignes racées. En face du quai, Philippe Plisson expose ses photos de mer dans sa propre galerie. Plutôt que d'admirer la mer en images, je préfère l'explorer grandeur nature par la pointe Saint-Phillibert, puis celle de Kerpenhir, à l'entrée du golfe du Morbihan, face à Port-Navalo. Encore une fois, je ne suis pas performant sur la carte, je tourne et bistourne, le trait de côte est capricieux. À l'intérieur du golfe, tout devient carrément fou. La mer intérieure du Morbihan ressemble à une pièce de dentelle comprenant un nombre infini d'îles et d'îlots, de bras de terre, de bras de mer, de rias, de marais. À vouloir tout découvrir, tout inventorier, cela prendrait des semaines. Les abords de Locmariaquer regroupent un ensemble de sites mégalithiques d'importance avec le Grand Menhir brisé en quatre morceaux et la Table des Marchands, un dolmen renfermant une chambre funéraire décorée.

Auray se situe un peu en retrait du golfe, de part et d'autre de la rivière le Loch. Un vieux pont de pierre enjambe le cours d'eau, mais c'est surtout le quartier de Saint-Goustan qui attire les visiteurs. Les demeures du XVe siècle abritaient autrefois les familles des pêcheurs à la baleine et des armateurs. Le port, le quai à gros pavage et la goélette Saint-Sauveur, transformée en musée, composent un parfait décor de cinéma. Le port du Bono, encaissé au fond d'une rivière, a un faux air de calanque. Les plaisanciers rentrent ou sortent sur une mer d'huile, les pêcheurs à la ligne taquinent le poisson avec détachement, plus enclins à discuter. Cette atmosphère évoque plus le Sud que la Bretagne, il n'y a guère que les massifs d'hortensias et les toits d'ardoise pour rappeler que nous sommes en Armorique. J'adorerais passer la soirée dans ce havre de paix, mais pas le moindre camping à l'horizon. Je dois pousser jusqu'aux abords de Baden.

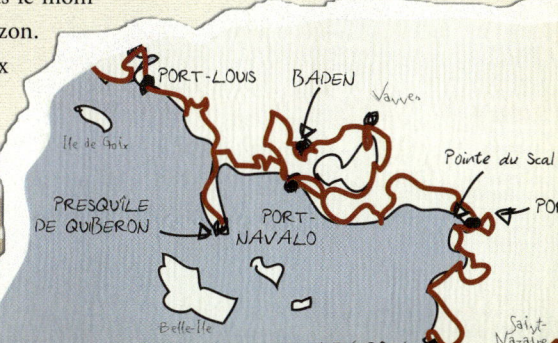

Port de la Trinité-sur-Mer

Auray : port de Saint-Goustan

Chapelle Saint-Phillibert

Port Bono

Le golfe du Morbihan
De Baden à Port-Navalo

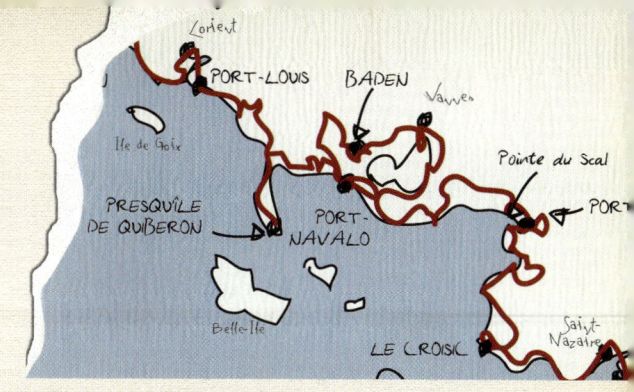

 N COUP D'ŒIL SUR LA CARTE ROUTIÈRE, pendant le petit déjeuner, m'a rapidement fait comprendre qu'il était inutile d'établir un programme précis d'itinéraire pour la journée. La carte IGN au 1/25 000 du golfe du Morbihan est une caverne d'Ali Baba, un labyrinthe plein de promesses. Inutile et stupide de prévoir par avance, j'aviserai au fil du chemin.

Pour démarrer, je me dirige vers le moulin de Baden et le barrage de Toulven. Partout des bois, des anses, des criques quasi secrètes, mais aussi des demeures dissimulées derrière de hautes haies ou des portails surmontés de caméras vidéo. Tout est tranquille, à l'écart de l'agitation et des foules estivales aussi grégaires que bruyantes. Ici, le vacancier ordinaire passe et ne s'immisce pas, d'ailleurs il n'a pas vraiment de raison de s'immiscer dans ces petites routes du golfe qui ne desservent que des villas huppées, une pointe, un moulin, une anse, un peu comme ces impasses privées du XVIe arrondissement. Je m'y risque et poursuis plus loin... vers la pointe de Locmiquel, vers l'îlot de Berder à Larmor-Baden ou vers Port-Blanc, lieu d'embarquement pour l'île aux Moines.

Tous ces recoins du Morbihan sont des merveilles, pourtant quelque chose m'oppresse... sans doute parce que le golfe est semblable à un labyrinthe. Je tourne, je vire, j'improvise au fil des kilomètres, je consulte la carte en tentant d'imaginer à quoi pourrait ressembler le paysage au-delà du prochain carrefour, du prochain virage. Moi qui aime les espaces ouverts, les landes sauvages, la Meseta de Castille, le bush australien, je tourne comme un lion en cage.

Vannes me distrait. Enfin du monde et de la vie. C'est jour de marché, les camelots, installés sur la place des Lices au pied des demeures à colombages, interpellent les passants, comme au temps des foires d'antan. Une jeune femme joue de la harpe celtique, les terrasses débordent de monde à l'heure de la pause-café. Je fais quelques courses pour le pique-nique, j'arpente les ruelles pavées, je m'attarde aussi dans les deux ou trois bouquineries rencontrées au hasard. Cela faisait des jours que je n'avais pas fourragé dans les rayonnages croulant sous des bouquins poussiéreux, l'odeur m'enivre et me réconcilie avec la vie. Pour tout dire, les recoins sélects du golfe commençaient à m'ennuyer. À l'office de tourisme, une jeune et souriante morbihannaise me suggère un itinéraire à l'écart des routes trop passantes pour rejoindre le sud-est du golfe. Je mets le projet à exécution en faisant cap sur Séné. Ce petit bourg a bâti sa réputation avec la construction du *sinago*, un voilier à fond plat gréé de voiles auriques sur deux mâts, spécialement conçu pour la pêche dans le golfe. Je m'arrête au voisinage des anciens marais salants pour la pause pique-nique. Les oiseaux me font la fête et égayent mon repas de leurs ballets incessants, ils sont légions.

Selon un panneau explicatif, il y aurait des avocettes élégantes et des chevaliers gambettes... mon pique-nique prend un air de banquet médiéval. Cette portion du golfe est nettement plus sauvage, plus ouverte à l'espace. À Montsarrac, un bateau m'emporte vers Le Passage. Désormais, je longe la rive est du golfe. Beaucoup moins de bobos ici, les villages appartiennent aux indigènes. Les exploitations ostréicoles et l'animation sur les quais des petits ports signalent qu'il existe bel et bien une vie locale. Encore des marais et de beaux moulins, comme celui de Pen Castel, en fin de restauration.

En abordant Port-Navalo, j'achève mon tour du golfe du Morbihan. La pointe de Kerpenhir est à nouveau là devant moi, à quelques brasses... Non, la traversée à la nage serait folie ! Pour s'en convaincre, il suffit d'observer les bateaux. Ici, à l'entrée du golfe, le courant atteint les dix nœuds au plus fort de la marée et lève une mer courte et hachée. À l'instar des autres badauds, j'observe les voiliers en provenance du large et des îles d'Houat ou Hoëdic qui pénètrent dans le golfe comme des flèches. En revanche, toute tentative de sortie avec courant contre se solderait au mieux par du surplace ou bien une navigation à reculons. La promenade en corniche aménagée aux abords du phare offre des vues superbes sur la presqu'île de Quiberon et les îles. Pouvoir à nouveau admirer l'horizon me ravit, je décide de m'arrêter pour la nuit à Port-Navalo dans un camping de taille humaine, situé à deux pas du rivage et du port. À l'heure du dîner, je suis le seul Français attablé dans un restaurant face au port. Tous les autres convives sont Anglais, à croire que tous les amateurs de *seafood* de la verte Albion se sont repassé l'adresse.

Le golfe du Morbihan

Château de Suscinio

Le golfe du Morbihan
De Port-Navalo au port de Tréhiguier

ERTAINS JOURS, LE DÉPART TARDE À VENIR. Ce n'est pas par fainéantise ou par manque d'entrain, mais parce que l'endroit convient parfaitement au nomade insatiable. Après le grand crème et les tartines, je reprends un petit noir, enfin j'enfourche mon vélo qui commençait à se sentir délaissé. Le pédalier émet un couinement, preuve tangible que mon compagnon fait la tête. Je lui épargne le détour par Port du Crouesty, il n'apprécierait pas le décor de cette cité-dortoir pour voiliers, je m'en passe volontiers aussi. En revanche, impossible de ne pas me laisser tenter par l'ascension du Tumulus de César. La grimpette est de courte durée, mais suffisante pour tremper mes vêtements de rosée au contact des fougères. De là-haut, la vue est quelconque mais stratégique : l'empereur romain y aurait surveillé une bataille gagnée contre les Vénètes. Je retrouve le rivage juste avant Saint-Gildas-de-Rhuys. Le village est connu pour son monastère fondé dès le VIe siècle par saint Gildas. Plus tard, le philosophe abbé Pierre Abélard résida dans ces murs vers 1130. Des anciens bâtiments, il ne subsiste que l'abbatiale qui fut en partie reconstruite au XVIIe siècle. Elle conserve encore le chœur roman primitif et le tombeau du moine fondateur.

La côte jusqu'à la pointe Saint-Jacques est belle, mais hélas trop construite. Avant la loi sur la protection du littoral, les promoteurs immobiliers avaient un faible pour les espaces vierges ! Passé port de Saint-Jacques, les terres à nouveau sauvages foisonnent d'étangs et d'anciens marais salants. Au milieu de ce décor surgit la silhouette anachronique du château de Suscinio. La vision en pareil lieu d'une forteresse médiévale surprend un peu, que pouvait-elle protéger ? Attendait-on d'hypothétiques assaillants venus de la mer à l'instar des militaires de Buzzati en poste aux confins du désert qui guettaient l'arrivée des Tartares ? En réalité, le château de Suscinio était la résidence préférée des ducs de Bretagne qui s'y retrouvaient pour chasser. La forteresse, très endommagée pendant la Révolution, puis laissée à l'abandon, ne doit sa survie et sa restauration qu'à l'initiative de Prosper Mérimée.

La façade sud de la presqu'île de Rhuys, tournée vers l'océan, est bien plus

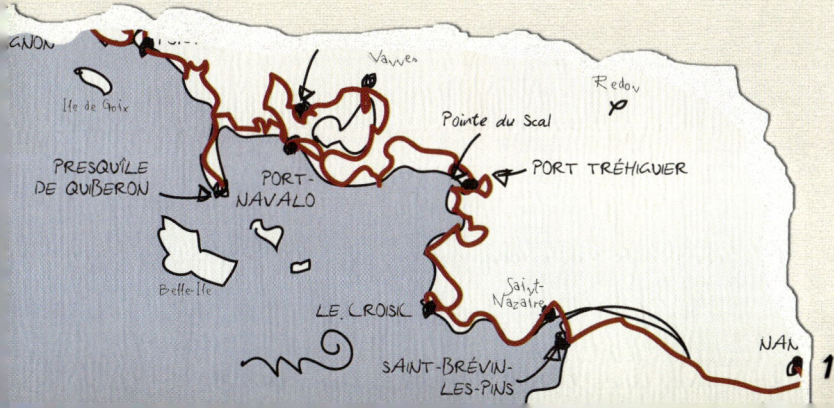

inhospitalière que celle s'ouvrant sur le golfe du Morbihan. Partout des marais et des marécages, jardins d'Éden pour les oiseaux marins ou migrateurs – puis une plage qui s'étire à l'infini jusqu'à la pointe de Penvins, un *spot* de renom pour les surfeurs et kitesurfeurs. La blanche chapelle Notre-Dame bâtie à l'extrémité des terres est un lieu de pèlerinage. Bien sûr, dévots et amateurs de glisse se croisent sur ce bout de terre, mais n'ont rien à échanger. Les combi VW des jeunes *borderline* et les camping-cars des seniors stationnent côte à côte sur le parking et n'ont pas grand-chose en commun non plus.

Je poursuis vers l'intérieur des terres en m'offrant un détour par le Tour-du-Parc et l'estuaire de Penerf. Curieux nom pour un village que ce Tour-du-Parc. Après le château de Suscinio, je m'attendais à rencontrer un jardin à la française. Au final, cette appellation fait plus sûrement allusion aux innombrables parcs à huîtres qui occupent l'estuaire. J'évolue dans un monde à part, tout le paysage semble façonné par les exploitations ostréicoles. Les grèves, les plages, les rives sont recouvertes de coquilles et de curieuses embarcations sont échouées ou au mouillage. Les viviers dégagent de fortes senteurs iodées. Cela suffit parfois à déranger les nez délicats, personnellement, cela me mettrait plutôt en appétit ! Mais il est un peu tôt. L'estuaire de Penerf s'étend en se ramifiant à l'intérieur des terres, à la manière d'un golfe miniature. Je dois accomplir un large détour par Surzur, Ambon et Muzillac avant de retrouver la côte près de la pointe de Penn-Lan. C'est l'occasion de constater des changements dans la physionomie de la campagne. Les paysages sont moins morcelés, les champs plus vastes suite au remembrement. Avant même de toucher la côte, le village de Billiers annonce la proximité de la mer grâce au clocher de son église en forme de lanterne de phare. Le minuscule port de Penn-Lan, sur la rivière Saint-Éloi, se protège des turpitudes de l'océan, bien calé au pied de la falaise. Les incontournables anciens sont réunis sur le quai pour commenter la pêche, le temps, la politique. L'un d'eux arrondit sa pension en vendant des huîtres, je lui en prends deux douzaines. Mon périple breton va s'achever bientôt, c'est le moment de s'offrir des douceurs ! La promenade en corniche est parfaite pour improviser un pique-nique. La vue donne sur l'estuaire de la Vilaine avec droit devant la pointe du Halguen et plus loin Piriac et Le Croisic, en Loire-Atlantique.

Des petites routes vallonnées et pleines d'imprévus m'acheminent jusqu'en bordure de l'estuaire de la Vilaine. Le Moustoir fait face au port de Tréhiguier. Ce lieu semble très prisé par les goélands qui observent de loin les activités portuaires, à l'affût des poissons ou crustacés rejetés à l'eau. Par champs et collines boisées, je gagne Arzal et le barrage sur la Vilaine. Je n'ai jamais trop aimé le mot Vilaine, d'autant plus qu'il me rappelle un séjour très ennuyeux passé à Rennes quand j'étais gosse. L'origine du mot ne vaut guère mieux, il viendrait d'une légende selon laquelle une jeune fille aux cheveux blonds, mais boiteuse et bossue, serait tombée amoureuse d'un jeune homme qui l'ignorait. La pauvre dépitée pleurait des torrents de larmes qui formèrent un ruisseau et bientôt une rivière. Sa tristesse était si grande qu'elle en mourut. En souvenir, les riverains baptisèrent le cours d'eau la Vilaine, et bien plus tard Théodore Botrel en fit une chanson très mélodramatique, comme on peut imaginer…

Une fois franchi le barrage d'Arzal, une route champêtre me conduit par Camoël jusqu'au port de Tréhiguier. L'étape du jour a été la plus longue de mon périple en Bretagne. Heureusement, à l'arrivée une terrasse de bistrot me tend les bras à deux pas du quai, face à la Vilaine. La fin de la journée ajoutée à la marée montante créée un pic d'animation, les mytiliculteurs sont de retour avec leurs barges chargées de moules. Touristes et badauds commentent dans la bonne humeur. Tréhiguier est un lieu sans chichi, naturel, empli de cris d'oiseau, paisible, à l'image de son environnement fluvial et campagnard. Toute l'activité du port se concentre autour de l'élevage de moules de bouchots. L'ancien phare désaffecté a été transformé en Maison de la mytiliculture – sans doute l'unique musée de France entièrement consacré à la moule ! Bien entendu, mon dîner se compose d'un énorme plat de moules frites.

Pointe de Penvins : chapelle Notre-Dame

Le golfe du Morbihan
Du port de Tréhiguier au Croisic

IGURE DE PROUE DU VILLAGE DE PÉNESTIN et de l'estuaire de la Vilaine, la pointe du Halguen domine de vastes champs maritimes, les élevages de bouchots. Non loin de là, vers le sud s'étend l'immense plage de la Mine d'Or, au pied de falaises de couleur ocre. On ne s'attend pas à trouver une teinte si méditerranéenne en Bretagne. Quant au nom, il évoque plutôt le Far West et la ruée vers l'or, non sans raison. Au XIXe siècle, des filons d'or furent trouvés sur la commune, hélas en trop faible quantité pour que l'exploitation perdure. Autour de la pointe du Bile, la mer se retire très loin à marée basse du fait des fonds marins plats ; ici encore les parcs de moules et de coquillages s'étendent à perte de vue. Les conchyliculteurs calent leurs heures de travail passées sur les grèves en fonction des flux et jusants.

Une petite départementale bien verdoyante me fait pénétrer en Loire-Atlantique. Le bassin salicole de Mesquer est moins connu et moins vaste que celui de Guérande. Tout le génie humain s'exprime à travers ces paysages redessinés, mais en rien saccagés. Exploitation et respect de la nature ne sont pas nécessairement contradictoires. Les Celtes savaient déjà récolter le sel, les Romains inventèrent les salines, les marais salants que nous connaissons existent depuis l'an mille. Mesquer et Guérande appartiennent au Gwenn Rann, le pays Blanc en breton. L'exploitation de l'or blanc a gé-

néré le commerce du sel, moteur économique de notre histoire et à l'origine d'un impôt célèbre, la gabelle. La route en corniche de Quimiac à Piriac suit une côte rocheuse et accidentée. Quant au village de Piriac, il recèle des vestiges mégalithiques. Bref, nous sommes toujours bel et bien en Bretagne. Le vieux centre autour du port s'enorgueillit de belles demeures bâties au XVIIIe siècle par des armateurs enrichis grâce au commerce maritime et à la pêche. Les ruelles alentour sont bordées de maisons de pêcheurs plus modestes. Souvent, derrière les fenêtres, une maquette de bateaux rappelle l'attachement à la mer des occupants. Les vacanciers sont déjà là, car juin touche à sa fin, Piriac reste serein, en rien troublé par la fièvre de l'été.

À La Turballe, l'effervescence règne sur le port et autour de la criée. Chalutiers et façades laissent exploser leurs couleurs sous une lumière d'orage sur fond de ciel anthracite. Cet éclairage d'apocalypse m'accompagne tout au long du parcours à travers les marais de Guérande. Je redoute la venue d'un déluge. Dans le même temps, je savoure le savoir-faire du metteur en scène. J'assiste à du grand et beau spectacle avec les salines qui réfléchissent les états d'âme du ciel. Le vent forcit, mais me facilite la tâche en me poussant. Batz-sur-Mer se rapproche, le clocher de l'église Saint-Guénolé fait office d'amer. Sitôt parvenu au bourg, je mets le cap sur Le Croisic. Sur ma droite, le ciel est plus noir que jamais, le village médiéval de Guérande et une partie des marais salants semblent avoir disparu, engloutis sous des trombes d'eau. Toute la côte Sauvage jusqu'à la pointe du Croisic baigne dans une lumière dorée tout à fait irréelle. J'arrive sec et sauf !

Le Croisic est un port de pêche actif qui connut des heures glorieuses dans le passé. Pour s'en convaincre, il suffit d'observer sur le quai les splendides demeures élevées au XVIIe siècle, aux façades ornées de balcons en fer forgé. Ces maisons sont révélatrices d'un commerce florissant. Le Croisic commença à s'enrichir en exportant le sel de Guérande dès le Moyen Âge, puis il diversifia ses échanges. Je prends un réel plaisir à explorer les ruelles du vieux centre, à pousser mes pas jusqu'à l'extrémité de la jetée du Tréhic, cernée par la mer, enfin à m'attabler à une terrasse face au port. En revanche, je fuis le camping qui revêt déjà une allure estivale avec ses barbecues et ses joueurs de pétanque. Je regagne la Côte Sauvage à l'heure du couchant, puis cherche et déniche un coin tranquille à l'abri des regards où je dresse ma tente à la lueur du crépuscule.

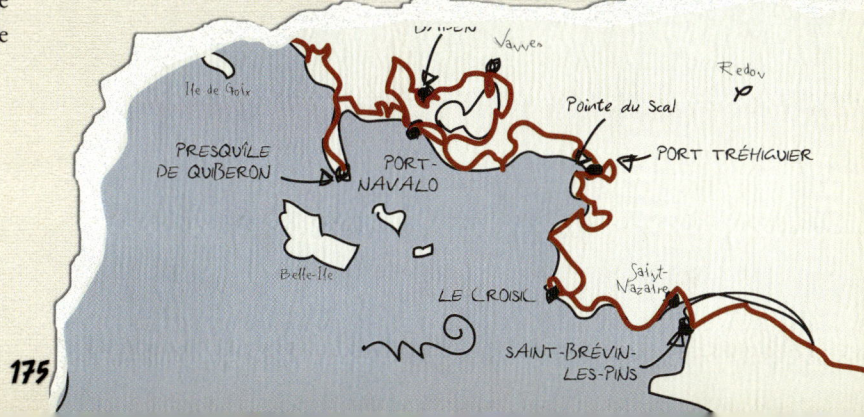

PORT DE PEN-LANN

PÉNESTIN : PLAGE DE LA MINE D'OR

Plage de la Turballe

Pointe du Bile

Port de Tréhiguier

La Côte d'Amour
Du Croisic à Saint-Brévin-les-Pins

ARTIR À L'AUBE ET ARPENTER LA CÔTE SAUVAGE dans la solitude est un rare privilège. Personne sur la route ou sur les falaises ; en mer, des pêcheurs amateurs se laissent dériver avec le courant dans l'attente de bonnes prises. Je découvre l'autre facette de Batz-sur-Mer. Hier, j'ai abordé le village en venant des marais salants par le quartier des paludiers, hangars à sel et habitats modestes. Ce matin, je longe la façade maritime, une succession de belles plages bordées de villas de villégiature confortables, voire ostentatoires. Les premiers vacanciers de l'été dorment encore.

La route de corniche le long du rivage se poursuit dans un festival de chaos rocheux et d'anses sablonneuses. Avant d'arriver au Pouliguen, les voitures sont détournées vers l'intérieur des terres. Le littoral est réservé aux piétons et aux cyclistes. Quel calme : juste le souffle du vent et le bruit du ressac en contrebas. Le Pouliguen possède le charme suranné des vacances familiales au bord de la mer. Avec la chanson de Michel Jonasz en tête, je remonte la Promenade jusqu'au centre-ville. À cette heure-ci, les boutiques de confiserie, de barbe à papa et les manèges se reposent encore de la soirée d'hier. L'effervescence bat son plein en revanche du côté du marché. Pause-café et tartines, puis je confie mon vélo au patron du bistrot, le temps de faire quelques courses pour le pique-nique.

Il suffit de passer le pont pour changer d'atmosphère. Celle-ci change radicalement du côté de La Baule. Villas et rues ombragées à deux pâtés de maisons du rivage, immeubles et palaces luxueux sur le front de mer, le long des neuf kilomètres de plage. Beaucoup de joggers rendus anonymes derrière leur Rayban surveillent leurs performances sur le cadran de leur Rolex. Pas l'ombre d'anciens ministres… Beaucoup d'eau a passé sous les ponts et des élections ont eu lieu depuis ! Pornichet succède à La Baule, les colombages de style normand cèdent la place à un casino rose bonbon. Au-delà de la pointe de Chémoulin se déploie l'estuaire de la Loire avec au premier plan les carrelets qui jalonnent le rivage. L'ultime station bal-

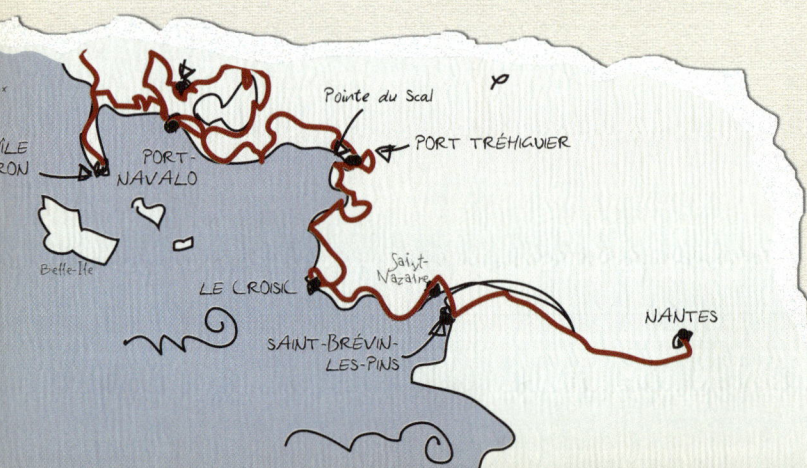

PÊCHE À PIED À MARÉE BASSE

néaire avant Saint-Nazaire s'appelle Saint-Marc-sur-Mer. À première vue ce nom n'évoque rien, et pourtant cette discrète station servit de cadre aux *Vacances de M. Hulot* en 1951. La statue de Jacques Tati surveille la plage, à deux pas de l'hôtel de la Plage où furent tournées la plupart des scènes.

De prime abord, Saint-Nazaire déconcerte le visiteur. Hormis les quelques façades criblées d'impacts de balle le long du boulevard du Président-Wilson, toute la ville a été reconstruite au lendemain de la guerre : plan quadrillé, rues rectilignes, l'ensemble n'incite pas à la balade. En chemin, je marque une pause dans le quartier de Ville-Port où le tourisme mêle histoire et industrie. Pour l'histoire, les vestiges de la gare ferroviaire évoquent

« ... juste le souffle du vent et le bruit du ressac en contrebas... »

Port du Croisic

les départs des paquebots transatlantiques. À côté, la base sous-marine construite sous l'Occupation constitue un gigantesque colosse resté intact malgré les bombardements intensifs. Depuis le toit, toute la géographie de l'estuaire de la Loire se dessine avec en premier plan les chantiers navals, les bassins à flot, et plus loin, le fleuve enjambé par le pont de Saint-Nazaire qui relie la Bretagne à la Vendée. En poursuivant mon itinéraire, je longe des sites industriels qui font souvent la une des journaux : Alsthom, les chantiers de l'Atlantique d'où sourdent des bruits de martèlement, les éclats lumineux des arcs électriques à chaque poste de soudure, puis Airbus Industrie où sont montées des portions de l'avion A380.

Pour en finir avec cette étape, arrive le moment de franchir le pont de Saint-Nazaire. L'ouvrage mesure trois mille cinq cents mètres avec un tablier qui grimpe à plus de soixante mètres de hauteur. Je redoutais d'avance cette grimpette, le vent latéral, enfin la circulation. En réalité c'est encore pire, le cycliste ne dispose que d'une bande d'arrêt ridiculement étroite pour circuler ou bien d'un trottoir plus étroit encore. Je me lance dans l'épreuve en essayant d'oublier les véhicules qui me frôlent à quelques centimètres. Heureusement, il fait beau et il ne vente pas. Parvenu au sommet, je me crois tiré d'affaire. La descente est plus aisée, mais plus terrifiante aussi, *inch Allah*...

Voici enfin Saint-Brévin-les-Pins, et je suis sain et sauf. Pour fêter cela, je m'installe à une terrasse face à la Loire et au monstre que je viens de franchir. Je réalise aussi que je suis face à la Bretagne. Administrativement, la rive sud de la Loire n'appartient plus à la région Bretagne, les différences se font sentir, j'ai accompli un pas vers le sud, comme le montrent des toits de tuiles qui remplacent l'ardoise.

Pour ma dernière soirée au bord de la mer, je me concocte une mise en scène très balnéaire : pension de famille à deux pas de la plage, grand plongeon dans l'océan et plateau de mer au menu du soir. Les premiers juillettistes sont en rendez-vous à l'heure de la promenade nocturne et du passage obligé chez le marchand de glaces.

Les marais de Guérande

LES MARAIS DE GUÉRANDE

La côte sauvage du Croisic

VÉLO À L'ARRÊT SUR LA PLAGE DE LA BAULE

JACQUES TATI SCRUTANT L'HORIZON À SAINT-MARC-SUR-MER

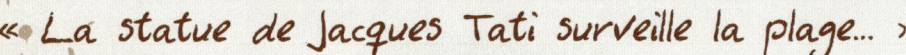

« La statue de Jacques Tati surveille la plage... »

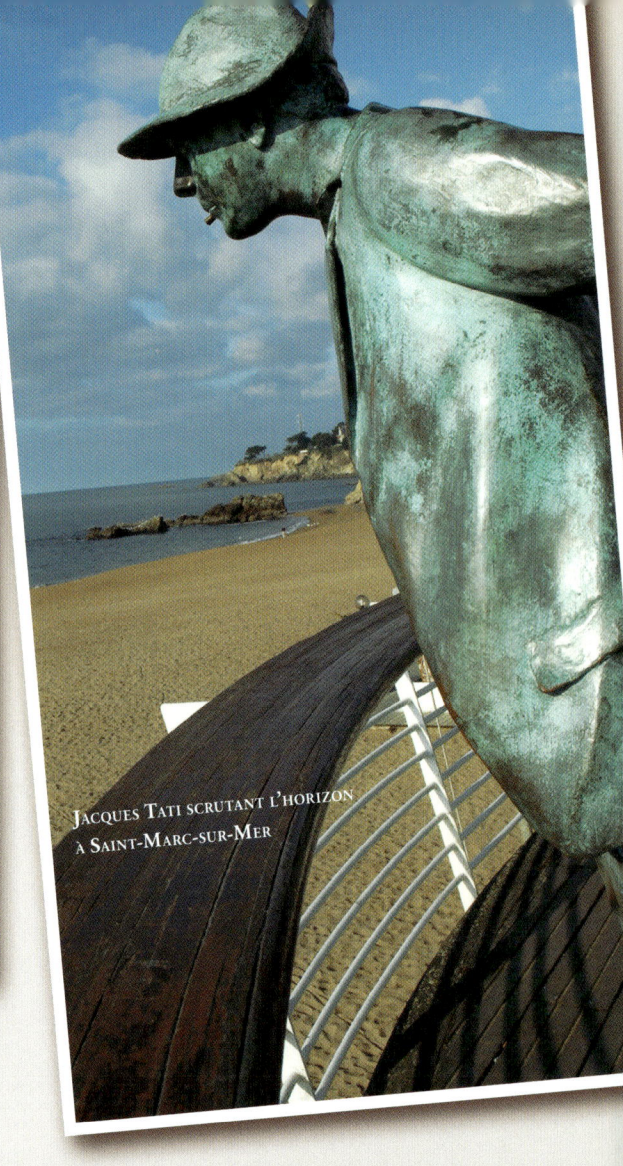

Port de Saint-Nazaire

Bateau mou sur le canal de la Martinière

Pont sur la Loire

L'estuaire de la Loire
De Saint-Brévin-les-Pins à Nantes

ETTE DERNIÈRE ÉTAPE RÉSONNE COMME UN ÉPILOGUE. Dès le départ de Saint-Brévin-les-Pins, je note un changement par rapport aux jours précédents. Pour la première fois, l'élément liquide, la Loire dans le cas présent, défile sur ma gauche, alors que pendant des semaines, les Côtes de la Manche, puis de l'Atlantique ont jalonné la droite de mon cheminement. La teinte de l'eau n'a rien à voir non plus, celle-ci est jaunâtre, chargée de limons – eau de terre après eau de mer ! La rive est la plupart du temps inaccessible, il faudrait traverser des zones de marécages pour l'atteindre. Au niveau de Corsept, je parviens à me frayer un passage parmi les hautes herbes et les roseaux, enfin j'accède à un ponton de bois qui dessert un carrelet suspendu au-dessus du fleuve. Mon arrivée effraye une famille de grues qui s'échappe dans le ciel pastel du matin. Ici je retrouve la nature, alors que sur la rive opposée se dressent les raffineries de Donges. Pour l'heure, ces industries ne présentent qu'une menace potentielle. Au printemps de 2008, les journaux télévisés montreront les rives de Corsept et de Paimbœuf entièrement souillées par le pétrole. Sur le quai et dans les bistrots de Paimbœuf, ça cause de pêche ou de politique, présidentielles et législatives sont passées, mais n'ont pas calmé les esprits. Le ton commence à monter, je préfère m'éclipser pour retrouver le calme de la campagne et des prairies. Le canal de la Martinière est plus paisible encore. Pour avoir fréquenté les canaux de la Garonne et du Midi, je connais bien les chemins de halage et la compagnie des canards qui barbotent. Côté pédalage, c'est aussi très tranquille, pas de montée à redouter. Je surprends une scène estivale réunissant une famille en train de pique-niquer autour du père distraitement affairé à sa partie de pêche – tout à fait l'atmosphère d'une photo d'Henri Cartier-Bresson, prise durant l'été 1936. Au bout du canal, juste à côté d'une écluse, se dresse la sculpture d'un voilier. Il présente l'aspect d'un petit croiseur côtier tout à fait normal, sauf l'avant de sa coque totalement plié qui semble avoir fondu au soleil, comme les montres molles de Dali.

La suite du parcours devient sinueuse, dès Le Pellerin, puis à l'approche de Nantes. En fait, je me fie aux panneaux provisoires de l'itinéraire « la Loire à vélo ».

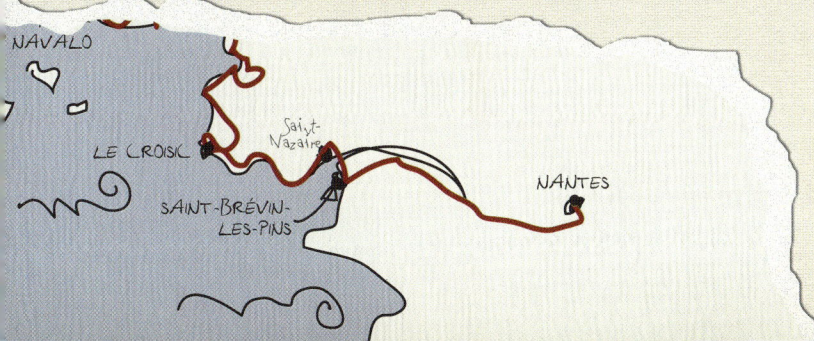

Pour le moment, j'essaie de ne pas me perdre et d'emprunter une piste cyclable qui se fraye un passage entre les autoroutes et voies express pour m'acheminer sans danger jusqu'au centre de Nantes. Le dôme emblématique et suranné de la biscuiterie Lu m'indique que je touche au but. Deux carrefours plus tard, je suis au pied du château des Ducs de Bretagne. Cette forteresse qui fait la fierté de Nantes vient d'être réouverte au public après des années de restauration. Quel joli symbole pour achever mon tour de la Bretagne ! Au terme de mon périple côtier, mon compteur de vélo affiche près de deux milles kilomètres.

Machinalement, je remise mon vélo dans l'arrière-cour d'un hôtel, monte les sacoches à la chambre, me douche, me change, enfin je pars visiter la ville et son château. Le cœur n'y est pas vraiment, comme à chaque fois qu'un périple touche à sa fin. À pied ou à bicyclette, un voyage de plusieurs semaines laisse son empreinte. Pour l'instant, j'ai le visage tanné, le nez écarlate, je pèse sans doute six ou sept kilos de moins qu'au départ. Dans quelques jours, je ressentirai l'absence de mouvement comme un manque. Dans quelques semaines, le projet d'un nouveau périple prendra naissance dans mon cerveau. Ensuite, il ne restera plus qu'à prendre le départ.

Nantes a toujours incité aux départs : pour les îles, pour les autres continents, pour les mers lointaines. C'est aujourd'hui une ville vivante, jeune, estudiantine, en perpétuel mouvement. Chaque année, les magazines lui décernent la première place parmi les villes françaises les plus agréables à vivre. Afin de clore mon périple avec panache, je choisis une bonne adresse pour dîner en terrasse à deux pas du quai de la Fosse. C'est d'ici que les navires prenaient le départ pour des ailleurs. Je songe à mon voyage qui s'achève et au trajet du jour. C'est alors que je me remémore les petits panneaux de « la Loire à vélo » qui ont jalonné cette étape de Saint-Brévin-les-Pins à Nantes. Ces balises marquent le début d'un itinéraire cycliste le long des grands fleuves européens – de l'océan Atlantique à la mer Noire, le long de la Loire, du Rhin et enfin du Danube. À étudier…

Le canal de la Martinière

Château des Ducs de Bretagne à Nantes

Compostelle,

un récit d'espaces, un espace de récits

Entre histoire millénaire et subjectivité du pèlerin du XXIe siècle, Jean-Yves Grégoire dresse, en mots et en images, le portrait des huit principaux chemins conduisant vers Saint-Jacques (et la fin des terres...) : Le Puy, Paris et Tours, Vézelay, Arles, Chemins de Bretagne, Camino del Norte, Camino francès et la Plata.

Format 16,5 x 24, cartonné, à l'italienne
256 pages
27 €

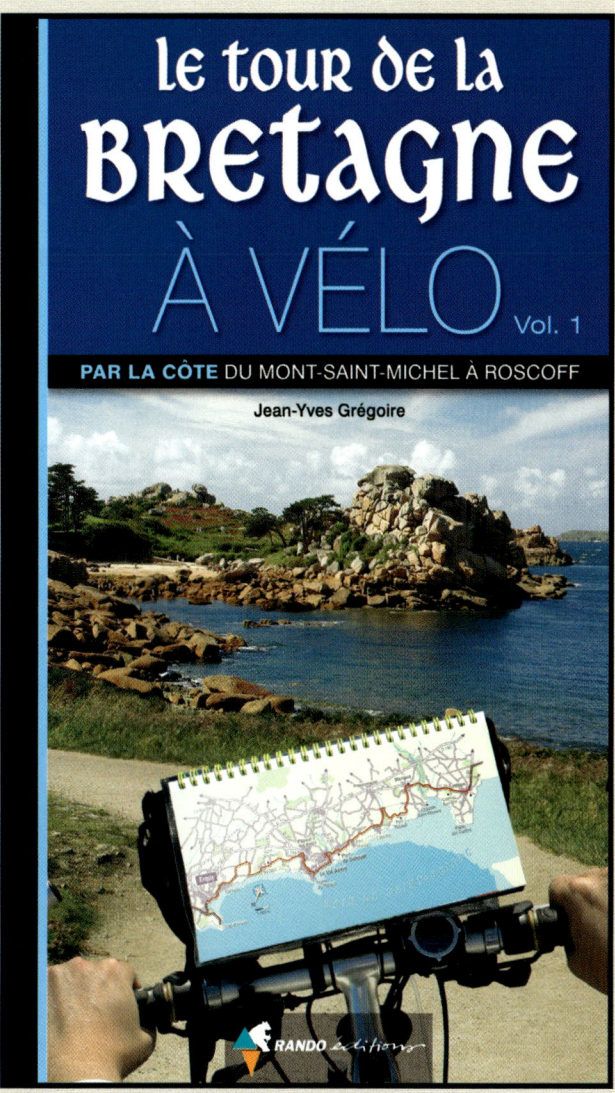

la Bretagne

par la côte

Pour suivre les traces des pneumatiques de Jean-Yves Grégoire tout au long du littoral breton, vous pouvez vous laisser guider par ses trois ouvrages Le tour de la Bretagne à vélo, le volume I permettant d'aller du Mont-Saint-Michel à Roscoff, le volume II décrivant les étapes de Roscoff à Concarneau, le volume III présentant celles qui relient Concarneau à Nantes.

Les volumes II et III sont à paraître en 2009.
Chaque ouvrage : 120 pages, reliure spirale, format 13 x 22.
Étapes décrites dans un style road book, cartes schématiques au 1/80 000, notices patrimoniales.

17,50 €

Autres ouvrages du même auteur chez le même éditeur
Le Tour de la Bretagne à Vélo, vol.1
Le Chemin de Saint-Jacques en Espagne (avec Louis Laborde-Balen)
Le Chemin côtier vers Compostelle (avec Françoise Pinguet)
Le Chemin de la Plata vers Compostelle
Le Chemin de Paris et Tours vers Compostelle (avec Jacqueline Véron)
Randonnées sur les Chemins de Saint-Jacques au Pays basque (avec Françoise Pinguet)
Le Chemin des chemins
Tous les Chemins mènent à Compostelle
Le canal du Midi et le canal latéral à la Garonne, à pied, à vélo
Le Piéton de Paris (avec Loïc Chauveau)
Le Piéton de Marrakech (avec Pierre Le Coz)
Le Piéton de la côte basque (avec Françoise Pinguet)

Achevé d'imprimer en France par Pollina - n°L48070